管理的项目化思维

让管理效能激增的利器

高虎◎著

中信出版集团 · 北京

图书在版编目（CIP）数据

管理的项目化思维：让管理效能激增的利器 / 高虎著. -- 北京：中信出版社，2018.7
ISBN 978-7-5086-9116-9

Ⅰ. ①管… Ⅱ. ①高… Ⅲ. ①项目管理－研究 Ⅳ. ① F224.5

中国版本图书馆 CIP 数据核字（2018）第 135575 号

管理的项目化思维——让管理效能激增的利器

著　　者：高　虎
出版发行：中信出版集团股份有限公司
（北京市朝阳区惠新东街甲 4 号富盛大厦 2 座　邮编　100029）
承 印 者：北京通州皇家印刷厂

开　　本：787mm×1092mm　1/16　　印　　张：16.25　　字　　数：152 千字
版　　次：2018 年 7 月第 1 版　　印　　次：2018 年 7 月第 1 次印刷
广告经营许可证：京朝工商广字第 8087 号
书　　号：ISBN 978-7-5086-9116-9
定　　价：45.00 元

服务热线：400-600-8099
投稿邮箱：author@citicpub.com

序　言

为什么写这样一本书

20世纪20年代，项目管理起源于美国，随着项目管理带来的巨大管理效能，这种新的管理技术逐渐被社会认知，并被大量推广和应用于各个领域。

1957年，杜邦公司将项目管理中的关键路径法应用于设备维修，使维修停工时间由125小时锐减为78小时。

1958年，在北极星导弹设计中，美国应用了项目管理中的计划评审技术，将项目任务之间的关系模型化，将设计完成时间缩短了两年。

1969年7月16日，人类首次登上月球。在著名的阿波罗登月计划中，由于采用了项目管理中的网络计划技术，这项宏大的项目得以顺利完成。

20世纪60年代初，在著名数学家华罗庚教授的倡导下，项目管理被引入我国，开始在国民经济各个部门应用，当时将这种方法命名为

“统筹法”。中国科学院科技政策与管理科学研究所还牵头成立了“中国统筹法、优选法与经济数学研究会”来推广项目管理。

但是，项目管理在我国被大量应用，还是在20世纪70年代末改革开放以后。

1982年，在我国利用世界银行贷款建设的鲁布格水电站饮水导流工程中，日本建筑企业运用项目管理方法对这一工程的施工进行了有效的管理，并取得了非常好的效益。这给当时我国的整个投资建设领域带来了很大的影响，人们确实看到了项目管理技术的巨大作用。

1987年，国家计划委员会和建设部等有关部门基于鲁布格水电站饮水导流工程的经验，联合发出通知，要求一批试点企业和建设单位采用项目管理施工法，并开始建立中国的项目经理认证制度。

20世纪末，随着我国经济的高速发展，项目管理越来越广泛地被我国企业及社会认知。1999年，国家外国专家局率先从美国项目管理协会（PMI）引进了项目管理专业人士资质认证（PMP）项目，并在国内推广这一认证项目。之后，国际项目管理协会（IPMA）的国际项目管理专业人士资质认证（IPMP），以及英国政府商务部（OGC）的受控环境下的项目管理（PRINCE2）等国际认证被相继引入我国。这些举措也对项目管理在我国的发展起到了很大的推动作用。

我从2002年开始接触项目管理，至今已有16年。我有大约三分之二的时间在从事与项目管理培训相关的工作，并且一直在持续学习、研究和实践项目管理。正是得益于此，我对项目管理形成了一些自己的体会和认识。

项目管理是一种先进的管理技术

项目管理是20世纪发展起来的一项重大的新管理技术。

这种结构化的管理方法被广泛运用于各行各业，它所带来的管理效能通过各类项目的成功实施获得了充分的验证。

事事都可成项目

美国项目管理专业资质认证委员会主席保罗·格雷斯（Paul Grace）强调："在当今社会中，一切都是项目，一切也将成为项目。"

一方面，项目这种业务形态对于社会发展的推动作用是十分巨大的；另一方面，从更广阔的视角来看，凡事都可以通过项目的方式运作，都可以用项目管理的方式进行管理。

项目管理不仅仅是项目经理的事

美国《财富》杂志断言："项目管理将成为21世纪的核心管理模式。"这意味着，项目管理不仅仅是项目经理的事。

对于非专业的项目经理来说，有不少工作是以项目方式展开的。随着社会的快速发展和市场竞争的千变万化，管理者不得不面对各种项目的持续挑战。掌握针对"项目"这种业务形态行之有效的管理方法，既是顺应时代潮流的管理要求，也是使工作卓有成效的基本保障。

非专业的项目经理有必要建立起项目管理意识，掌握基本的项目管理操作能力。

项目管理的核心理念

项目管理聚焦于目标，遵循结构化的管理流程，以计划为基准，以十大知识领域为管理内容，以过程控制为手段，以信息沟通为保证，最大限度地利用资源，以期实现项目目标。

项目管理更是一种系统管理的思维方式

不能简单地把项目管理视为一种管理技术，应该深入理解和体会项目管理所蕴含的系统管理的思维方式。

学习和掌握技术容易，但影响和改变思维困难。相对于技术而言，唯有思维上的改变才能对我们的工作和生活产生更加有益和深远的影响。因此，对于非专业的项目经理来说，项目管理所带来的价值更多的不是体现在它先进的结构化管理技术上，而是体现在它所秉承的系统管理的思维方式上。

我在2015年开发了原创课程“管理者的项目管理思维”，致力于向广大的管理者传播项目管理思想，并在培训实践中不断对该课程进行升级完善。本书的核心内容就是源于此课程。

所谓管理的项目化思维，就是强调在管理过程中借鉴项目管理的理念，将工作以项目的方式进行管理，或是在工作中通过运用项目管理的系统化思维模式，达到提升管理效能的目的。

简而言之，项目化思维的重点不是要求我们必须以项目管理的方式去工作，而是如何能够以项目管理的方式去思考。

因此，本书的内容并非聚焦于项目管理的技术，即如何运用项目管理先进的技术、工具和方式来实施项目（这些内容也会涉及），而是关注于项目管理技术的深层逻辑——思维卓见，让管理者及职场人士能够以项目管理的思维方式来更新管理理念，拓展管理思路，让项目管理成为管理效能激增的一把利器。

我们学习任何事物，都不能只满足于获得别人捕给我们的“鱼”，应该力图去掌握捕鱼的方法——“渔”。“鱼”只是工具、技术，而“渔”才是规律，是运用工具、技术的方法。如果只关注“鱼”，而忽视了“渔”，就算有了工具和技术，也不知道该如何有效发挥它们的作用。如果掌握了“渔”，就不需要别人给你“鱼”，自己就能去抓各种“鱼”。

本书适合于有兴趣将项目管理的方式运用于工作之中的管理者或职场人士，即使是专业的项目经理人，也可以从书中获得一些有益的启示。我尽量使用通俗易懂、风趣幽默的语言将枯燥的项目管理概念、技术和方法呈现出来。需要强调的是，本书旨在传递这样一个核心理念："项目化思维的重点并不是要求我们必须以项目管理的方式去工作，而是要求我们能够以项目管理的方式去思考。"

我在描述项目管理技术和解析项目管理思想的同时，提炼和呈现了大量具有借鉴意义的项目管理的思维卓见和实操工具，包括管理启示、图表、示例和模板。

另外，本书的出版，首先要感谢中信出版创新学院胡松波先生，是他将本书推荐给中信出版集团财经培训出版中心总编王宏静女士。王总编对于本书的修改和完善所提出的专业意见让我印象深刻、受益匪浅，同时，她对本书的认可和关注让我感动。另外，责任编辑陈世明先生高效负责的工作态度也让本书能够以更完美的姿态呈现给读者。

鉴于我对于项目管理的认识及实践经验，书中尚有诸多不足之处，希望读者在阅读本书时予以指正。欢迎读者通过电子邮箱huzi-2002@163.com将意见和建议反馈给我，我将在未来的工作中持续改进。

目　录

导言

项目管理的价值在于两个方面：一是结构化的管理方法；二是系统化的管理思维。

项目管理是一种结构化的先进管理技术，有一套完整而严密的体系，包括原理、术语、定义、目标、管理内容、管理流程、管理原则、生命周期、管理模式，以及工具、技术和方法，等等。项目管理不仅被广泛运用于各行各业中，而且对于管理效能的提升经过了无数项目实践的验证。此外，这种结构化的管理方法仍在与时俱进地持续改进中。

系统化的管理思维是蕴含于项目管理中的思维卓见，将项目管理借鉴于管理工作中，有助于拓展管理思路，推动管理创新，大幅度提升管理效能。

第一节　结构化的管理方法

项目自古就有，中国的万里长城、埃及的金字塔都是建造于古代的著名宏伟项目。但是，专门针对“项目”这种业务形态的行之有效的管理方式——项目管理，是于20世纪20年代起源于美国，并被认为是在第二次世界大战之后发展起来的一项重大的新管理技术。

那么，古人在从事这些项目时，是不是也运用了项目管理的方式呢？古人用来管理项目的一些方法肯定会与我们现在所使用的方法有暗合之处，但古人并没有将其归纳和总结为结构化的项目管理模式。

项目管理的结构化体现在其管理技术的各个方面。下面，我们做一个简单的介绍。

一、定义项目和项目管理

既然要学习和借鉴项目管理的思维方式，那么首先必须要弄清楚什么是项目和项目管理。

在项目管理出现前，人们虽然也在从事着各种项目工作，但是并没有给这一类的工作定义出一个专有的“项目”概念。当然，也就更无从谈起项目管理。因此，人们在对项目进行管理时，不会考虑项目所具有的特性而采取针对性的管理方法，只是把项目当成其他事务性工作来进行管理。

项目管理技术的出现对项目的概念、特性和目标等要素进行明确定义产生了必然的要求，以此将项目与传统的事务性工作区分开来，并在此基础上进一步发展，形成项目管理。

目前，虽然业内人士对于项目和项目管理的概念有基本一致的认识，但不同组织和专家对其描述各有不同。本书采用美国项目管理协会的描述及其项目管理知识体系框架。

按照美国项目管理协会的《项目管理知识体系指南》(*Project Management Body of Knowledge*，简称PMBOK®指南)(第五版)定义：项目是为创造独特的产品、服务或成果而进行的临时性工作。

某项工作之所以能够被称为“项目”，是因为它具有与其他事务性工作不同的特性。

1.一次性

项目是临时性的工作。这也就意味着，项目不是一直持续的，它有明确的开始时间和结束时间。一旦项目结束(不论目标是否完成)，项目就不复存在。因此，项目是一次性的活动。

2.独特性

独特性是指没有完全一样的项目。每个项目都是不同的，就好像人的指纹一样。

3.目标性

目标性是指每个项目都有要实现的目标，这也是项目之所以存在的理由。项目的目标就是项目要创造的某种产品、服务或成果。

4.约束性

约束性强调任何项目的实施都会受到各种各样的条件限制，如时间、成本、质量、资源、环境和技术等，不存在不受约束的项目。

5.渐进明细

渐进明细如同逐渐拨开一层层项目面纱的过程。在项目开始时，虽然具备了明确的目标和工作方向，但我们对项目的认识还是模糊的。随着项目的进展和各方面信息、人、财、物的不断进入，我们对项目的认识会变得越来越清晰。举个例子，我们要装修房子。我们刚开始想要将房子装修成什么样子，或许只有一个大概的想法，假如我们想要将房子装修成一种简约的风格。但究竟什么才是简约的风格，我们可能自己也没有办法说清楚。依照这样的想法，当我们给墙面粉刷涂料时，我们可能会选择颜色比较淡雅的涂料，而不是选择大红大绿的涂料。当我们铺地板时，我们可能会选择比较大块的地砖，而不是选择风格厚重的地板。当我们安装灯具时，我们就会更清楚了，我们不需要复杂、沉重且带有各种装饰的灯具，我们需要有设计感的、外形比较简单的灯具。当我们置办家具时，为了配合已经形成的室内风格，我们就会选择具有设计感的现代家具，而不是选择厚重的红木类家具。如此，我们在不断深入这个装修项目的同时，对装修要达到的效果就会越来越清晰，直至最后完成装修房屋的整个项目。

《项目管理知识体系指南》也给项目管理下了一个定义：项目管

理就是将知识、技能、工具与技术应用于项目活动，以满足项目的要求。

这个定义很简洁，甚至有些宽泛。这让项目管理看上去就像一个大篮子，只要能够帮助实现项目的要求，任何知识、技能、工具和技术都可以被装进这个篮子里，并被统一贴上项目管理的标签。当然，所有这些有助于项目要求实现的知识、技能、工具和技术不是简单地被装进这个项目管理的大篮子里，而是将其结构化且有机地整合在一起。这个篮子里的知识、技能、工具和技术既借鉴于其他专业管理领域，如风险管理、人力资源管理、质量管理等，又有自己独有的管理领域，如WBS（工作分解结构）、项目网络图、干系人管理等。

二、衡量目标的四个维度

根据项目管理的定义，项目管理的目的在于满足项目的要求。那么，到底什么是项目的要求呢？具体来讲，项目的要求就是项目要达到的目标。但评价目标是否实现的标准不只是一个，而是从四个维度来衡量。

- 范围（scope）：用S表示，即是否完成了为实现项目目标而需要做的所有工作。
- 时间（time）：用T表示，即花多少时间来完成项目，也就是进度。
- 成本（cost）：用C表示，即花多少钱来完成项目。
- 质量（quality）：用Q表示，即按照什么样的标准来完成项目。

项目的要求就是：在范围上，要完成所有该做的工作；在时间上，要按照预计的工期来完成；在成本上，要按照预算的要求来完成；在质量上，要达到可接受的标准。换句话说，项目管理就是将知识、技能、工具与技术应用于项目活动，并保证在预计的工期和预算范围内，保质保量地完成项目。有专家将项目的要求总结为四个字——多、快、好、省。“多”就是满足范围要求，“快”就是达到或超过进度要求，“好”就是保证质量要求，“省”就是在成本上不超出预算。

为了便于理解项目管理中四大目标维度间的相互关系，我们用图0-1来做一个说明。

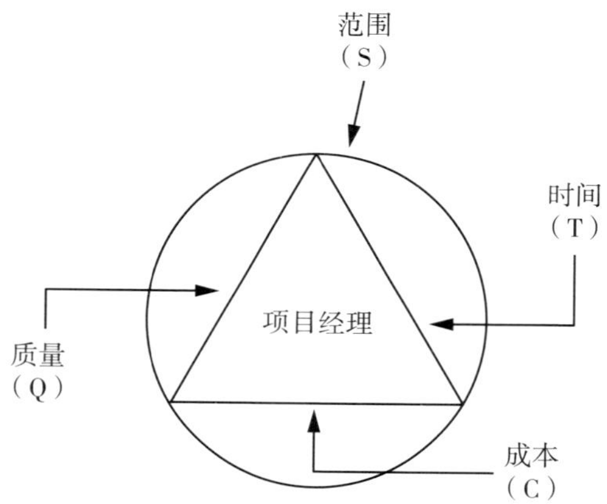

图0-1 项目目标的四大维度与关系

我们把图0-1中的圆形看作项目的范围。圆中有一个三角形，假设三角形的三条边分别代表时间、成本和质量。

当三角形的每个顶点都位于圆上时，代表完全满足项目范围的要求，说明我们做的工作刚刚好，不多也不少。如果三角形中的某个顶点没有位于圆上，而是落在了圆内，说明我们在做项目时，没有完全满足项目范围的要求，有的工作忘记做了。如果三角形的某个顶点位于圆外，说明我们在做项目时，做了超出项目范围的工作。这些不在项目范围内的工作实际上是多余的工作，对项目目标的实现没有任何贡献。

假如将三角形某条边的一个端点沿着圆周移动，从而来改变这条边的长度，那么，在这种情况下，要想保证三角形的面积不变，就需要三角形的其他两条边也随之发生变化。也就是说，在项目中，如果成本、时间和质量中的任何一个因素发生了变化，那么为了实现既定的范围目标，其他两个因素也一定会受到影响。例如，为了压缩项目的成本，我们可能会减少员工和机器设备的数量，但是会影响项目的进度和质量；为了要加快项目的进度，我们可能需要更多的员工和机器设备，但是成本就会增加，而质量可能也会受到影响；为了提高项目质量，我们就需要采用更好的材料，聘用更专业的员工，那么成本就一定会增加，而项目工期也会被拖长。

如此看来，项目的时间、成本、质量这三者之间存在着直接的相互影响关系。为了体现这种相互作用，项目的时间、成本和质量又被称为项目管理的“铁三角”。

管理启示

- 为了完成目标，我们所做的工作应该正好满足项目范围的要求。
- 在确保项目范围不变的情况下，一旦时间、成本、质量中的某一个因素发生了变化，一定会对其他两个因素产生影响。

三、项目管理谁来管

对于很多人来说，“项目管理谁来管”似乎是个多余的问题，因为项目经理就是项目管理的主要责任人，也是对项目结果负责的那个人。但事实上，除了项目经理外，还有其他的人参与到项目管理中，如项目管理团队、项目团队成员等。另外，如高管、发起人、客户等都会以各种方式参与到项目管理中。所有这些直接或间接参与项目管理的人，并非是任意的某一个人，而是那些既受项目影响，也对项目产生影响的人——项目干系人。

项目干系人管理能够被视为单独的管理内容，并跻身于项目管理的十大知识领域，这表明项目干系人对项目成败的重要影响得到了充分的认识、广泛的认可和高度的重视。本书第二章将会对项目干系人管理进行专门的阐述。

四、项目管理管什么

1987年，美国项目管理协会推出了全球第一套项目管理标准——《项目管理知识体系指南》，这是项目管理领域中一个重要的里程碑。在此基础上，美国项目管理协会建立了项目管理专业人士资质认证制度。参加认证培训并通过认证考试的人被授予“项目管理专业人士资质认证”。

在项目管理标准中，美国项目管理协会将项目管理涉及的管理内容归纳为十大知识领域（如图0-2所示），分别是整体管理、范围管理、时间管理、成本管理、质量管理、人力资源管理、沟通管理、风险管理、采购管理和干系人管理。

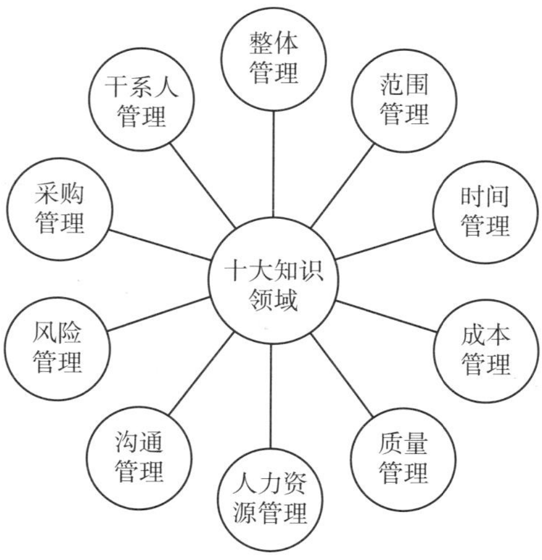

图0-2 项目管理十大知识领域

（一）整体管理

整体管理是指为了确保项目中的各项工作能够有机地协调和配合而展开的综合性和全局性的项目管理工作和过程，包括项目集成计划的制订、项目集成计划的实施和项目变动的总体控制等。

简单地说，整体管理就如同一根线，将项目中的各项工作串联起来，达到统一管理的目的。

（二）范围管理

范围管理是指为了完成项目目标，对项目的工作内容进行控制的管理过程，包括范围的界定、范围的规划和范围的调整等。

简单地说，范围管理就是为了完成项目目标，应该做哪些工作，不应该做哪些工作。

（三）时间管理

时间管理是指为了确保项目按时完成的一系列管理过程，包括具体活动的界定，如活动排序、时间估计、进度安排及时间控制等。

简单地说，时间管理就是需要花多少时间来完成项目目标，项目什么时候开始，什么时候结束，以及如何保证项目按进度执行。

（四）成本管理

成本管理是指为了保证完成项目的实际成本不超过预算成本的管理过程，包括资源的配置、成本的预算及成本的控制等。

简单地说，就是完成这个项目需要多少钱，每个阶段需要多少钱，每项活动需要多少钱，以及该怎样去花这些钱。

（五）质量管理

质量管理是指为了确保项目达到客户规定的质量要求所实施的一

系列管理措施，包括质量规划、质量控制和质量保证等。其目的是保障项目目标按照要求的标准得以实现。

（六）人力资源管理

人力资源管理是指为了保证所有项目人员的能力和积极性都得到最有效的发挥和利用所实施的一系列管理措施，包括组织的规划、团队的建设和人员的招聘等。

简单地说，就是通过管理团队、激励人员、分配工作等各种手段，充分发挥人力资源的能力去执行项目工作。

（七）沟通管理

沟通管理是指为了确保项目信息的合理收集和传输所实施的一系列措施，包括沟通规划、信息传输和进度报告等。

这里的沟通不仅仅是项目中人际间的沟通，更重要的是如何保障项目信息在项目实施过程中的通畅交流。

（八）风险管理

风险管理涉及项目可能遇到的各种不确定因素，包括风险识别、风险评估和风险控制等。

简单地说，风险管理就是如何应对项目中的意外事件，通过对不确定性因素的管理和控制，让意外不再意外。

（九）采购管理

采购管理是指为了从项目实施组织之外获得所需要的资源或服务而采取的一系列管理措施，包括采购计划、资源选择和合同管理等。

简单地说，采购管理就是当为了完成项目目标而需采购外部的产品或服务时，我们应该如何实现这一过程。

（十）干系人管理

干系人管理是指对项目干系人及其需求和期望进行识别和分析，并通过沟通上的管理来满足需要、解决问题的过程。

干系人管理对于项目的成败有非常重要的影响。通过干系人管理，可以帮助我们找出哪些人会对我们的项目产生影响或受到影响，并对他们采取管理措施，以便使他们发挥对项目的积极影响，从而满足他们对项目的需求和期望。

五、项目管理的过程

（一）五大过程组

项目管理遵循一个结构化的流程，即启动、规划、执行、监控和收尾，这是项目管理的五个过程，又被称为项目管理的五大过程组，因为每个过程都包含了两个以上小过程，是一组小过程的集合。比如，启动过程组中有制定项目章程和识别干系人两个小过程，收尾过程组中有管理收尾和合同收尾两个小过程，规划、执行和监控过程组中包含的小过程更多。按照《项目管理知识体系指南》（第5版）的描述，这样的小过程一共有47个。另外，我们也可以把启动、规划、执行、监控和收尾看作一个管理的组合。每一个项目、每一个项目阶段以及每一个项目活动都要以启动、规划、执行、监控和收尾这样的思路来管理。

1.启动过程组

启动过程组是获得授权，定义项目或项目阶段，正式开始项目或项目阶段的一组过程。启动过程组的主要工作内容包括选择项目经理，识别项目利益相关者，记录明确的项目目标和约束条件，制定项目章程，初步明确项目范围，等等。这一阶段的基本目的是确定项目（立项），明确项目目标，让项目“做正确的事”。

2.规划过程组

规划过程组是明确项目范围，优化目标，为实现目标而制订行动方案的一组过程。规划过程组的主要工作内容包括创建范围说明书，编制WBS，制订进度计划，创建网络图，确定关键路径，估算成本，识别、分析和管理风险，等等。这一阶段的基本目的是实现项目目标，制订“正确地去做事”的路线图。

3.执行过程组

执行过程组是完成项目管理计划中确定的工作以实现项目目标的一组过程。执行过程组的主要工作内容包括执行计划、跟踪项目进展等。这一阶段的基本目的是依照计划的要求“正确地去做事”。

4.监控过程组

监控过程组是跟踪、审查和调整项目进展与绩效，识别必要的计划变更，并启动相应变更的一组过程。监控过程组的主要工作内容包括发现与应对偏差，核实范围，控制和管理变化，等等。这一阶段的基本目的是施加干预措施，确保项目始终在计划的轨道上“正确地去做事”。

5.收尾过程组

收尾过程组是为了正式结束项目或项目阶段而实施的一组过程。收尾过程组的主要工作内容包括管理收尾和合同收尾，这一阶段的基本目的是圆满收尾项目，以终为始，持续改进。

图0-3展示了项目管理五大过程组在项目管理流程中的关系。

在我们对项目进行管理时，首先通过启动过程来启动项目，然后通过规划过程制订项目计划，之后运用执行过程实施计划。在项目的实施过程中，运用监控过程对执行过程进行监控。如果项目出现偏差，就需要采取相应的措施来保证其回到计划的轨道上。如果项

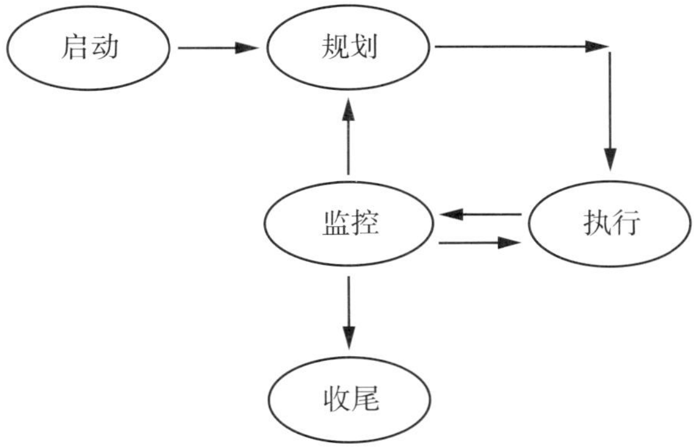

图0–3 项目管理五大过程组

目出现的偏差已经无法通过相应的措施来纠正，则说明计划已经不适合目前的状况，就需要重新制订计划，并以此为基准来实施项目。最后，实施完毕，收尾整个项目。

(二)项目管理与PDCA循环

从项目管理的五大过程组可以清晰地看出，项目管理所遵循的是质量管理中的PDCA循环。PDCA循环是美国质量管理专家沃尔特·休哈特于20世纪20年代提出的，后由戴明采纳、宣传和推广，因此又被称为戴明环。

PDCA循环将质量管理分为四个阶段，即计划（plan，缩写为P）、执行（do，缩写为D）、检查（check，缩写为C）和行动（action，缩写为A），并通过P→D→C→A的不断循环来持续改进质量。

我们在项目管理过程中如何对应PDCA循环呢？

如图0–4所示。在计划阶段，行动前先做好计划，对应项目管理的规划过程；在执行阶段，按照计划去实施，对应项目管理的执行过程；在检查阶段，对执行过程进行跟踪与检查，对应项目管理的监控过程；在行动阶段，根据结果采取改进措施，总结经验教训，推动持续改进，对应项目管理的收尾过程。

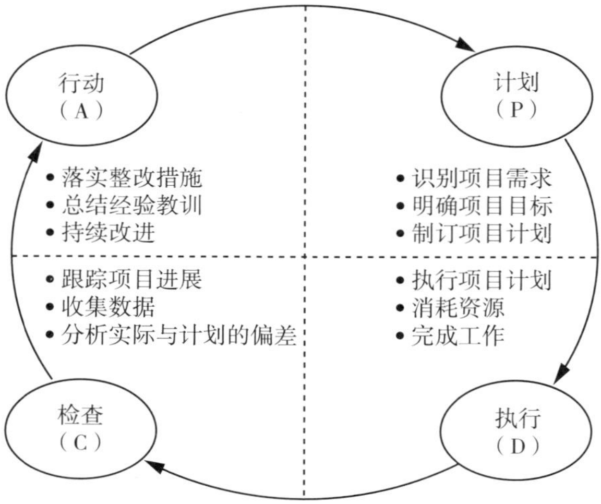

图 0-4 PDCA 循环

事实上，PDCA 循环所蕴含的持续改进理念强调的是对过程的管理，而不是空洞地关注结果的实现，因为这一理念相信，最好的过程一定能够导出最佳的结果。

由此可见，贯穿于项目管理技术之下的一个核心项目管理理念就是高度重视过程管理。

（三）十大知识领域与五大过程组

前面我们讲了十大知识领域和五大过程组。那么，十大知识领域与五大过程组是如何通过相互结合来实现项目管理的呢？

十大知识领域是项目管理的管理内容，五大过程组是项目管理的管理流程。表 0-1 直观地呈现出了十大知识领域与五大过程组之间的关系。

表0-1 十大知识领域与五大过程组之间的关系

<table>
<tr><th rowspan="2">知识领域</th><th colspan="5">项目管理过程组</th></tr>
<tr><th>启动过程组</th><th>规划过程组</th><th>执行过程组</th><th>监控过程组</th><th>收尾过程组</th></tr>
<tr><td rowspan="2">整体管理</td><td rowspan="2">制定项目章程</td><td rowspan="2">执行项目管理计划</td><td rowspan="2">指导与管理项目工作</td><td>监控项目工作</td><td rowspan="2">结束项目或阶段</td></tr>
<tr><td>实施整体变更控制</td></tr>
<tr><td rowspan="4">范围管理</td><td rowspan="4"></td><td>规划范围管理</td><td rowspan="4"></td><td rowspan="2">确认范围</td><td rowspan="4"></td></tr>
<tr><td>搜集需求</td></tr>
<tr><td>定义范围</td><td rowspan="2">控制范围</td></tr>
<tr><td>创建WBS</td></tr>
<tr><td rowspan="5">时间管理</td><td rowspan="5"></td><td>规划进度管理</td><td rowspan="5"></td><td rowspan="5">控制进度</td><td rowspan="5"></td></tr>
<tr><td>定义活动</td></tr>
<tr><td>排列活动顺序</td></tr>
<tr><td>估算活动持续时间</td></tr>
<tr><td>制订进度计划</td></tr>
<tr><td rowspan="3">成本管理</td><td rowspan="3"></td><td>规划成本管理</td><td rowspan="3"></td><td rowspan="3">控制成本</td><td rowspan="3"></td></tr>
<tr><td>估算成本</td></tr>
<tr><td>制订预算</td></tr>
<tr><td>质量管理</td><td></td><td>规划质量管理</td><td>实施质量保证</td><td>控制质量</td><td></td></tr>
<tr><td rowspan="3">人力资源管理</td><td rowspan="3"></td><td rowspan="3">规划人力资源管理</td><td>组建团队</td><td rowspan="3"></td><td rowspan="3"></td></tr>
<tr><td>建设团队</td></tr>
<tr><td>管理团队</td></tr>
<tr><td>沟通管理</td><td></td><td>规划沟通管理</td><td>管理沟通</td><td>控制沟通</td><td></td></tr>
</table>

（续表）

知识领域	项目管理过程组				
	启动过程组	规划过程组	执行过程组	监控过程组	收尾过程组
风险管理		规划风险管理 识别风险 实施定性风险分析 实施定量风险分析 规划风险应对		控制风险	
采购管理		规划采购管理	实施采购	控制采购	结束采购
干系人管理	识别干系人	规划干系人管理	管理干系人参与	控制干系人参与	

| 管理启示 |

- 贯穿于项目管理技术之下的一个核心项目管理理念就是高度重视过程管理。

六、项目管理怎么管

在我们管理项目的时候，应该秉承哪些基本的项目化思维呢？

（一）做事前先弄清楚做什么

很多人在做事前，还没有弄清楚自己到底需要做什么就开始去做。试想，如果连做事的方向都错了，那又怎么能够期待有好的结果呢？所以，弄清楚做什么比怎么做更重要。这就是我们常说的“磨刀不误砍柴工”。

（二）行动前先想好怎么做

怎么做就是指做事情的计划。如果没有一个计划去指引我们行动，那么行动就会陷入无序的状态。就像一个低着头拉车的人，当他走了一半路时才发现自己走错路了，这时他再重新调整方向，最终白白浪费了时间、精力和资源。所以，要做好一项工作，必须先有一个“应该怎么做”的蓝图，才能做到心中有数。这就是“预则立，不预则废”[①]。

（三）将大事分解成小事去做

如果一项工作太复杂，不容易去做，就把它分解成更容易管理的多个小任务去处理。这就是化大为小，化难为易，就好比将一个大“苹果”切成小块来吃。

（四）事有人做，责有人负

在项目中要确保人责分明。每项工作不仅要有具体的人去执行，还要有明确的人来负责，尤其是在多个人一起去完成某项工作的情况下，必须指定一个负责人对该工作负责。如果一项工作让每个人都参与，却没有明确的负责人，那么人人负责就意味着没有人负责。

（五）渐进明细，逐步推进

我们刚开始做某个项目时，由于信息、资源等各方面的限制，对项目的了解也比较局限，不是非常清晰。只有当我们逐步深入到项目中，随着人、财、物、信息的不断涌入，我们才会对项目的认识越来越清晰。因此，我们在实施项目时要按部就班，一步一个脚印，不要指望一口吃个胖子。

---

① 两千多年前，《礼记·中庸》中就明确告诫我们：“豫则立，不豫则废。”这里的“豫”通“预”。这句话的意思是说，做事有了预备（计划），就能成功，没有预备（计划）就会失败。

（六）过程管理不可缺

项目管理就是基于合理的计划，通过有效的过程管理来实现项目目标。如果没有过程管理，即使计划再科学、再严谨、再完善，我们也无法期待结果的自动达成。因为计划永远没有变化快，有计划就一定会有变化。过程管理很重要的一点就是保证对变化的掌控和管理，从而保证项目的执行在计划的轨道上顺利推进，直至完成。

（七）有验收，有总结

在工作完成后需要有验收和总结。验收就是通过检查结果来保证所完成的任务符合既定的标准；总结能够帮助我们积累经验教训，并在未来的工作中不断地持续改进。

管理启示

- 做事前先弄清楚做什么——做什么比怎么做更重要。
- 行动前先想好怎么做——预则立，不预则废。
- 将大事分解成小事去做——化大为小，化难为易。
- 事有人做，责有人负——人责分明。
- 渐进明细，逐步推进——不要指望一口吃个胖子。
- 过程管理不可缺——掌控过程，管理变化。
- 有验收，有总结——检查结果，改进未来。

七、项目的生命周期

每个项目都有生命周期，从开始到结束。虽然项目千差万别，但是不同项目的生命周期都有基本的共性。

项目的生命周期一般分为开始阶段、组织和准备阶段、执行阶段、完成阶段。如图0–5所示，我们用项目生命周期图来做一个说明。

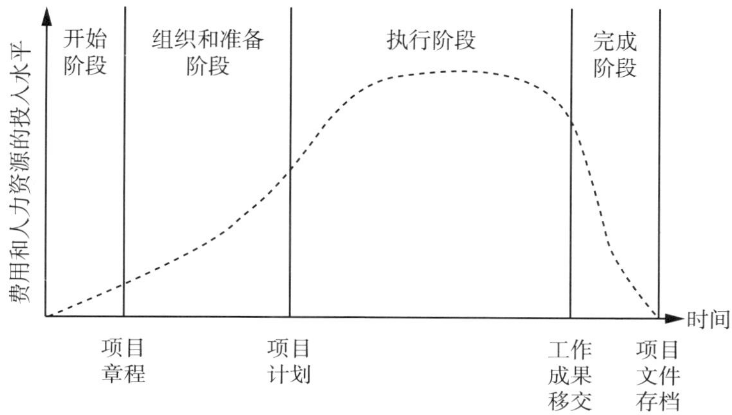

图0-5 项目生命周期

图0-5中，横轴代表时间，纵轴代表费用和人力资源的投入水平。这样，我们就得到了一个曲线图，这个曲线图就是项目的生命周期图。

在开始阶段，主要是推动项目的立项。在这个阶段，由于项目没有正式立项，因此进入项目中的人不多，投入的资源也比较少。这个阶段的结束意味着项目正式立项，而项目章程是项目正式立项的书面文件，是这个阶段工作的输出成果。

当项目正式立项后，就开始组织项目团队，并着手编制项目的计划，即组织和准备阶段。在这一阶段中，人、财、物等也开始更多地投入到项目中，所以曲线也在逐步升高。组织和准备阶段的结束意味着已经组建了团队和编制了项目计划，项目计划是这一阶段的输出成果。

在执行阶段，项目中的大量工作如火如荼地开展起来，需要消耗更多的人、财、物等资源，因此费用和人力资源的投入水平大大提高，直至达到顶峰状态。之后，由于有一些项目活动结束，部分的人力资源得到释放，人力资源的投入水平开始下降。另外，费用的消耗情况也有所下降。因此，整个曲线开始呈下降趋势。当执行阶段结束时，项目中的工作基本都已经完成，因此费用和人力资源的投入下降到了一个比较低的水平。这一阶段的输出成果就是向客户移交项目的工作成果。

在完成阶段，主要是处理项目收尾的工作，需要的人、财、物等资源比较少，因此曲线保持下降直到项目最终结束。项目文件的存档是项目完成阶段的一个重要输出成果。

八、不同组织结构下的项目管理模式

任何项目的执行都离不开组织环境，而组织结构是组织环境的一个很重要的因素，它会影响组织资源的可用性，也会影响项目的管理模式。因此，不同组织结构下的项目管理模式都有其不同的特点。

接下来，我们分别看一下职能型、弱矩阵型、平衡矩阵型、强矩阵型和项目型组织结构中的项目管理模式。

（一）职能型组织结构

图0–6为职能型组织结构中的项目管理模式。在职能型组织结构中开展一个项目，一般是由某个部门牵头，从各个职能部门抽调人员来共同协作完成。项目中各部门的协调工作通常由部门负责人来承担。很多传统行业中的企业都是以这种方式来开展项目工作的。

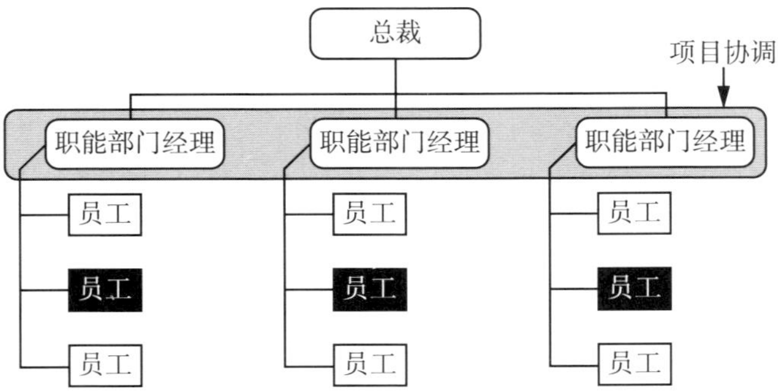

图0–6　职能型组织结构中的项目管理模式

注：黑框代表参与项目活动的员工。

优点：部门按专业划分，专业性强；每个项目成员均有明确的上级。

缺点：项目成员在项目中的工作受部门制约，如果项目成员发生冲突或扯皮，需要由各自的部门领导来协调，效率低。

（二）弱矩阵型组织结构

图0–7为弱矩阵型组织结构中的项目管理模式。在弱矩阵型组织结构中，仍然是从职能部门中抽调人员形成项目团队，但负责项目协调的人不是部门负责人，而是指定一名团队成员负责。

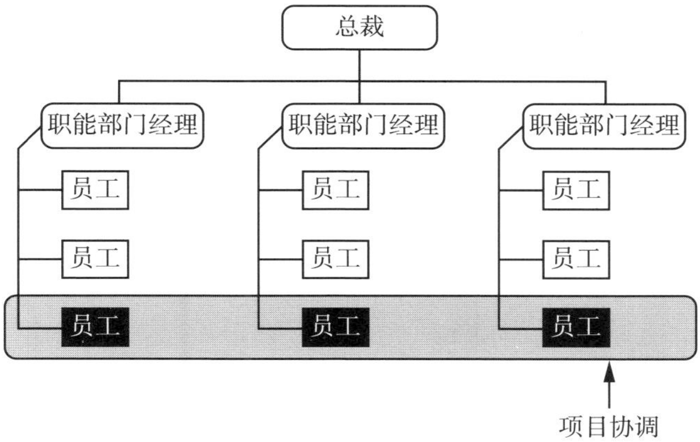

图0–7 弱矩阵型组织结构中的项目管理模式

注：黑框代表参加项目活动的员工。

优点：项目中有明确的协调人或接口人，不需要将问题反馈到部门管理层一级。

缺点：由于担任项目协调的人员管理职级低，发生问题时，难以有效协调。

（三）平衡矩阵型组织结构

图0–8为平衡矩阵型组织结构中的项目管理模式。在平衡矩阵型组织结构中，其结构基本和弱矩阵型组织结构基本一样，但项目团队中出现了专职的项目经理来负责项目的管理。

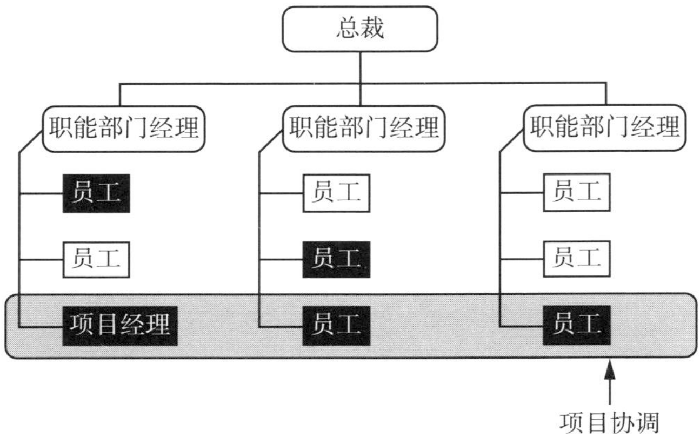

图0–8　平衡矩阵型组织结构中的项目管理模式

注：黑框代表参与项目活动的员工。

优点：有了明确的项目经理，工作的协调和管理得到了加强。

缺点：虽然出现了专职的项目经理，但由于项目经理来自参与项目的某个职能部门，所以项目经理与职能经理的权力不平衡。项目经理可能会在工作中受到本部门职能经理的影响，也可能在工作中会将资源向本部门倾斜，容易造成不公和产生冲突。

（四）强矩阵型组织结构

图0–9为强矩阵型组织结构中的项目管理模式。在强矩阵型组织结构中，为了避免项目经理受制于职能经理，在职能部门之外，成立了专门负责管理项目经理的部门。这个部门在不同组织里，可能被称

为项目管理部或项目管理办公室。这个项目管理部门就是项目经理的归属部门。当一个项目立项后，项目管理部门指派一人担任该项目的项目经理，其他团队成员从各职能部门抽调。

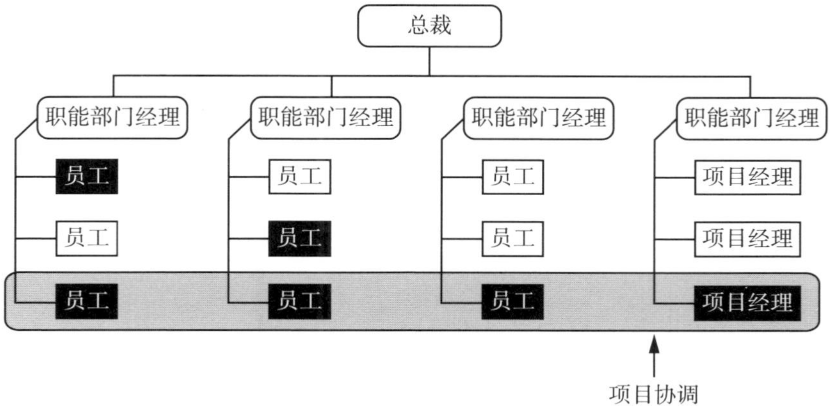

图0-9 强矩阵型组织结构中的项目管理模式

注：黑框代表参与项目活动的员工。

优点：项目经理有了明确的上级，不受部门制约。

缺点：由于项目成员来自不同的部门，他们一方面需要向项目经理汇报工作，另一方面还需要向本部门经理汇报工作，这样就出现了双重汇报的问题。

(五)项目型组织结构

图0-10为项目型组织结构中的项目管理模式。在项目型组织结构中，项目都是由专门的项目部门或项目团队去完成。一个项目部门或项目团队基本包含了所需要的各种人力资源。房地产行业中的企业大多是以这种方式来开展项目工作的。

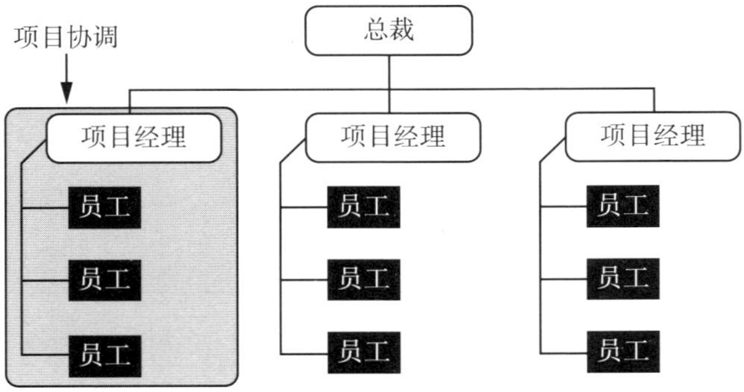

图0–10　项目型组织结构中的项目管理模式

注：黑框代表参与项目活动的员工。

优点：项目经理权限大，团队成员归属感强。

缺点：当项目多时，这种形式的运作效率比较高，但是项目较少时，有的项目部门可能没有工作，容易造成资源浪费。

（六）不同组织结构中项目管理模式的比较

接下来，我们对不同组织结构中的项目管理模式做一个梳理，要点如表0–2所示。

表0–2　项目组织类型与项目管理模式矩阵表

组织类型 项目特点	职能型组织结构	矩阵型组织结构			项目型组织结构
		弱矩阵型组织结构	平衡矩阵型组织结构	强矩阵型组织结构	
项目经理的权力	没有或很小	有限	小～中等	中等～大	大～全权
组织中全职参与项目工作的职员比例	没有	0～25%	15%～60%	50%～95%	85%～100%
项目经理的职位	部分时间	部分时间	全时	全时	全时

（续表）

项目特点＼组织类型	职能型组织结构	矩阵型组织结构			项目型组织结构
		弱矩阵型组织结构	平衡矩阵型组织结构	强矩阵型组织结构	
项目经理的一般头衔	项目协调员/项目主管	项目协调员/项目主管	项目经理/项目主任	项目经理/计划经理	项目经理/计划经理
项目管理行政人员	部分时间	部分时间	部分时间	全时	全时

- 项目经理的权限在逐步增强，从几乎没有到非常大。
- 项目团队中全职人员的比例从0到100%。
- 在职能型组织结构和弱矩阵型组织结构中是没有项目经理的，在平衡矩阵型组织、强矩阵型组织结构和项目型组织结构中才出现了正式的项目经理。
- 在职能型组织结构和弱矩阵型组织结构中，项目经理被称为项目协调员或项目主管，而在平衡矩阵型组织结构、强矩阵型组织结构和项目型组织结构中，一般称为项目经理、项目主任或计划经理。
- 项目管理行政人员在职能型组织结构、弱矩阵型组织结构、平衡矩阵型组织结构中都是兼职的，部分时间担任项目中的行政工作。在强矩阵型组织结构和项目型组织结构中，就出现了专职的项目管理行政人员。

通过以上介绍，我们对不同的组织结构，以及在相应组织结构下的项目管理模式的优缺点有了一定了解。我们很难轻易地判断，哪种组织结构最适合企业的项目管理，因为不同的企业存在不同的情况，任何一种组织结构都无法适合所有企业。因此，在选择项目管理模式时，不应该选择更加先进的组织结构，而应该选择更加适合企业实际状况的组织结构。

第二节 系统化的管理思维

项目管理不仅仅是一种先进的管理技术，更是一种系统化的管理思维，这种系统化的管理思维体现在项目管理的诸多方面。

一、全局视角

在运用项目管理方式去完成一项工作时，需要用全局视角去看问题，并不是只关注事情要达到的结果，而是要把事情放到一个更大的环境下去综合考量。

例如，为什么要完成这项工作？哪些人会涉及这项工作？他们与这项工作间会发生怎样的相互影响？这项工作的目标（范围、时间、成本和质量）是否清晰？具体的工作目标是什么？如何制订工作计划？怎样在工作中传递相关的信息？怎样才能让执行这项任务的人更高效地工作？工作会面临哪些风险以及如何应对？怎样去管理和控制执行的过程？怎样去检查和验收工作的成果？怎样更好地结束这项工作？

项目管理就像下象棋，需要先对棋局进行通盘的考虑，而不是只想着将死对方。先制定基本的方针策略，再依据方针策略调兵遣将，判断每个棋子的攻守取舍。同时，及时根据棋局的变化做出相应的调整。每盘棋结束后，通过复盘总结经验教训，持续提升自己的棋艺。

二、关注项目中各种因素的相互影响

在项目管理中，我们需要强调各种因素的相互影响。当某一个因素或条件发生变化时，我们必须对其他相关的因素或条件做出调整，

才能保证目标的实现。

比如，对工作进度的要求发生了变化，要求必须提前完成工作，那么这一变化就一定会对成本、质量产生影响，其结果可能是成本的上升和质量的下降。如果不具备这一基本的认识，只是一味地要求加快进度，也不允许其他因素发生变化，那么项目就只能成为一项“不可能实现”的任务。

三、以结构化方法体现系统管理的思维

项目管理遵循“启动→计划→执行⇄监控→收尾”这样一个结构化的流程。这个流程既是项目管理结构化管理方法的体现，又是系统管理思维方式的体现。不仅仅是针对一个项目而言，对于项目中的任何一个阶段和任何一项活动都要以同样的方式来管理。有时我们需要按照这种管理流程在形式上进行体现，有时我们只需依据这种管理方式在大脑中对所做的工作有一个整体的考虑。

项目管理的五大过程组之所以被称为“组”，不但是因为每个过程组包含了两个以上的小过程，是一组过程的集合，而且这一套管理流程不能被拆散，它应该作为一套管理的“组合”被应用于整个项目、项目阶段，以及项目中的任何一项活动中。

管理启示

- 项目管理不仅仅是一种先进的管理技术，更是一种系统化的管理思维。

第一章
换个角度，事事都可成项目

在工作和生活中，项目无处不在。

只要转换视角，几乎所有事情都可以被视为项目；但是，这并不意味着我们有必要将所有的工作都转变成项目来进行管理。对于任何一项工作来说，是否把它当成项目来对待，在很大程度上取决于管理的有效性和便捷性。如果这种改变不能带来管理效能的大幅提升，那就无须去改变它的管理方式。

管理的项目化思维的核心就是，我们需要具备“事事都可成项目”的思维方式，并将项目管理的理念植入到传统的管理思维中。

第一节 “项目”的是与非

一、对项目的误解

自从20世纪70年代末改革开放以来，“项目”这个词被越来越频繁地运用于工作和商业领域中。也不知道从什么时候开始，“项目”在很多场合替代了原来经常使用的“工作”、“事情”、“任务”、“生意”和“买卖”等词汇，以一种比较“高端”的姿态出现在人们的日常用语中。

例如，两个朋友很久不见，在大街上偶遇后，相互寒暄。

甲：哎呀！怎么在这里碰见你了，最近还好吧？

乙：还行。你也挺好的吧？

甲：挺好的。真是好久不见了，你最近忙什么呢？

乙：正在做一个项目。

甲：做什么项目，这么忙？

乙：不久前，我和朋友一起开了一家餐馆，现在每天都得在那里盯着……

在上述案例中，乙所说的“项目”是指“开了一家餐馆，现在每天都要在那里盯着”，那么他这个“项目”与项目管理中所指的项目是一回事吗？在进一步探讨项目管理思维前，非常有必要厘清项目和非项目。

项目是为创造独特的产品、服务或成果而进行的临时性工作。项目具有三个重要的特性。

- 一次性：项目是临时性的工作，不是持续反复的，它有明确的开始时间和结束时间。一旦项目结束（不论目标是否完成），项目就不复存在。
- 独特性：这意味着“没有完全一样的项目”，每个项目都不一样。
- 目标性：每个项目都有自己明确要实现的目标，也就是项目存在的理由。

据此，我们发现，乙所说的“我和朋友一起开了一家餐馆，现在每天都要在那里盯着”这件事情，并不符合“项目”的上述特性。首先，这个“项目”不符合项目的“一次性”特性，因为他“每天都要在那里盯着”。这意味着，这个项目不是一次性的，是持续反复进行的，只要餐馆还在营业，他就会在那里盯着。其次，没有体现出项目的“目标性”和“独特性”。“每天都要在那里盯着”的明确目标是什么？这个“项目”与其他的餐馆有何不同？

那么，如果“我和朋友一起开了一家餐馆，现在每天都要在那里盯着”不是一个项目的话，究竟是什么呢？

为了弄清楚这个问题，我们再来了解另外一个概念——日常运营。

二、非项目的日常运营

日常运营通常是指按组织的程序重复进行的持续性工作。从这个简短的定义里，我们就可以看到日常运营与项目的明显差别。

项目是临时性和一次性的活动，这意味着工作有开始也有结束。日常运营是重复性和持续性的工作，即使知道工作什么时候开始，但很难说工作什么时候结束。比如，餐馆哪一年几月几号开张是比较清楚的，但谁也不知道餐馆会在哪个确定的时间就停业了。

项目具有目标性和独特性，但日常运营的定义中没有对目标性和独特性的要求，而是强调按照组织的程序来进行工作。这也可以理解为，日常运营类的工作相对于项目类的工作而言，更容易被预测和管理，因为它们不但重复进行，而且是按照组织的流程重复进行。

所以，乙的“餐馆项目”其实是一个日常运营类的工作。

实际上，日常运营类的工作比项目类的工作更加普遍地存在于我们的工作和生活中。比如，行政、后勤、文秘、流水线上的操作员、环卫工人、饭店厨师、教师、办公室职员、出租车司机、售货员、财务人员等，他们的工作在大多数情况下都是按照日常运营的形式开展的。但是，如果换一个视角来看，日常运营类的工作都是可以变成项目类的工作。

继续用“餐馆项目”做例子。如果乙不是“开了一家餐馆，现在每天都要在那里盯着”，而是“正在筹备开一家餐馆”，那就是项目了。目标是开一家餐馆。什么时候开始筹备工作，什么时候餐馆开张，分别是项目的开始和结束时间。开的是川菜馆、湘菜馆还是其他类型的餐馆，这是项目的独特性。

又如，饭店厨师的工作。如果说厨师每天的工作就是炒菜，那么这个“炒菜”就是日常运营。但是，如果说厨师为了完成某个宴会而炒菜，那么这个“炒菜”就变成了项目，一次性是什么时间开始准备宴会的饭菜，到什么时候必须完成；独特性是这次宴会准备的饭菜不会和其他的宴会完全一样（即使菜谱是一样的，每道菜的菜量，炒菜的火候、咸淡等不可能都一样）；目标是为宴会准备好预定的饭菜。

再如，教师的工作。如果教师天天去给学生上课，那这是日常运营的工作；如果教师是去讲某一堂课，就可以把它看作一个项目。

值得注意的是，虽然换个角度，事事都可以变成项目，但这不代表我们有必要将所有的事情都变成项目来进行管理。更重要的是，我们应学会以项目化的视角来思考问题。那么，在什么情况下，我们可以考虑把事情当作项目来做呢？一方面，是那些原本就是项目类工作的事情，而我们却一直在用运营管理的方式管理它们；另一方面，由于各种原因，日常运营类的工作在目标性、一次性和独特性等维度上的要求变得十分清晰，那么它就具备了转变为项目的基本条件，但是不一定要将其转变成项目进行管理，这主要取决于管理的有效性和便捷性。只有适合的项目，才是最好的项目。

例如，天天做饭是日常运营，但是做某一顿饭就具备了项目的特性。虽然做某一顿饭具备了项目的特性，但我们可能并不需要将其视为项目进行管理，因为以传统的运营管理方式来做饭就已经足够了。如果用项目管理的方式去做一顿家常便饭（失败了也无所谓），可能反而复杂了。但是，如果我们不是做某一顿家常便饭，而是准备一个重要的晚宴（失败了影响巨大），就有必要将其视为一个项目，并运用项目管理结构化的方法对其进行有效的管理，从而保证晚宴的顺利举行。

管理启示

- 换个角度，事事都可变成项目。
- 虽然事事都可变成项目，但这不代表我们有必要将所有的工作都变为项目来进行管理。我们应学会以项目化的视角来思考问题。
- 是否需要将日常运营变成项目来管理，主要取决于管理的有效性和便捷性。只有适合的项目，才是最好的项目。

思考

- 我们目前的哪些工作可以用项目的形式来进行管理?

第二节　项目管理与运营管理

一、项目管理与运营管理的对比

既然工作可以分为项目和日常运营两大类，那么只有在管理上采取针对性的方式才能做到卓有成效。

如果采用运营管理的方式去管理项目类工作，可能会忽略诸多管理要素，如范围、时间、成本、质量、干系人、风险、沟通和团队等，从而无法保证项目目标的顺利实现。如果采用项目管理的方式去管理日常运营类工作，在相对简单的工作上过多强调对各种管理因素的关注，又可能让管理变得复杂，从而无法有效发挥项目管理应有的管理效能。

事实上，在项目管理出现之前，不论是日常运营类的工作，还是项目类的工作，多是采用运营管理的方式进行管理。由于项目与日常运营存在着较大的区别，因此采用运营管理的方式去管理项目类工作，缺乏针对性和有效性，而项目管理才是针对项目这种业务形态专门发展起来的行之有效的管理方式。

那么，项目管理与运营管理有什么异同之处呢？表1–1为项目管理与运营管理的对比表。

表1–1　项目管理与运营管理对比表

	项目管理	运营管理
不同之处	• 有明确的结束点 • 一次性的努力 • 工作失败的压力高 • 以可交付成果为导向 • 关注独特性	• 持续反复进行 • 目标可递延 • 工作失败的压力低 • 以效率、效果为驱动 • 强调规范化、程序化
相同之处	都需要由人来实施，受制于有限的资源，需要计划、实施和控制	

（一）项目管理与运营管理的不同之处

1.项目管理有明确的结束点，运营管理是持续反复进行的

当项目目标实现或项目终止时，项目就结束了。

只要工作还在做，运营管理就在持续反复进行，没有一个明确的结束点。

2.项目管理是一次性的努力，运营管理的目标可以递延

项目是个一次性的过程，当项目完成或终止时，项目工作也就停止了。所以，我们在项目实施过程中所投入的努力也是一次性的。

由于运营管理是持续进行的，所以它的目标也随着工作的持续反复而递延。具体来讲，今天做完或没做完的工作明天还会持续反复。

比如，某公司前台的工作人员，其工作内容是每天要接待来访人员，负责接收快递及其他一些行政事务。不论他今天的工作完成还是没完成，做得好还是不好，明天、后天也仍然要按照前台人员的工作程序重复同样的工作。

3.项目管理失败的压力大，运营管理失败的压力小

对于项目管理来说，不论项目成功还是失败，随着项目的结束，结果已经产生，没有下次可言。虽然我们可以通过本次项目获得经验来帮助未来更好地实施其他项目，但是本次项目的结果已经不能改变。因此，项目失败带来的压力比较高。

由于运营管理是持续的和反复的，这就意味着，即使这次没做好，下次还有机会做好。由于这类工作失误所造成的后果通常不会非常严重，所以其失败所带来的压力相对比较低。

4.项目管理以可交付成果为导向，运营管理以效率和效果为驱动

项目管理是紧盯目标，以可交付成果为导向。

运营管理主要是关注做事的效率与效果。

5.项目管理关注独特性，运营管理强调规范化、程序化

项目管理虽然是结构化的管理方式，但更加关注每个项目的独特性。

运营管理强调的是按照标准、流程和规范来进行管理。

（二）项目管理与运营管理的共同之处

不论是项目管理还是运营管理都需要由人来实施，都受制于有限的资源，都需要计划、实施和控制。

那么，项目管理是如何将人、资源、计划、实施和控制这些要素整合在一起进行管理，从而实现目标的呢？简单地说，项目管理的功能就是管理者利用组织资源通过管理手段来完成工作任务，从而实现项目目标。

- 管理者包括决策者、职能部门、项目团队等。
- 组织资源包括人、财、物、信息等。
- 管理手段包括计划、组织、协调、跟踪、控制等。
- 工作任务包括设计、生产、建造、服务等。
- 项目目标各不相同，可以是满足利润要求、达到市场目的、实现战略计划等。

图1-1展示了项目管理的功能。

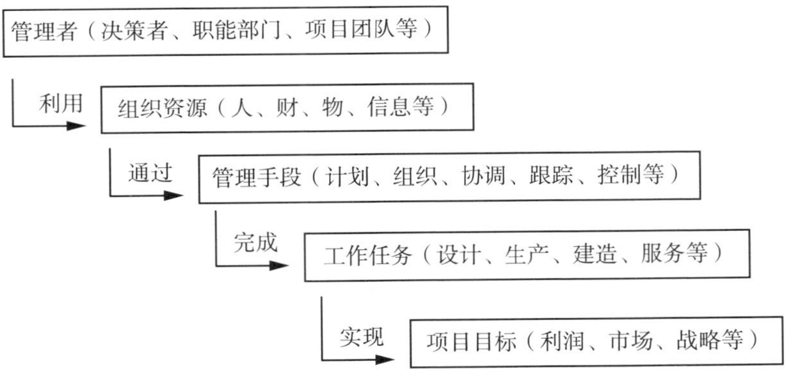

图1-1　项目管理的功能

二、项目管理与运营管理的关系

我们可以用图1-2对项目管理与运营管理之间的关系做一个说明。其中，水平方向代表运营管理，垂直方向代表项目管理，而斜线代表组织战略的达成路径。

运营管理是按照规范和程序持续反复进行的管理活动，其目的不是进行变革，而是维持工作不断进行。运营管理是在水平方向上进行的管理活动，其主要目的是维持一个组织的正常存在和有序发展，不断为组织的成长壮大积蓄能量。这种存在和发展都是在水平方向上积

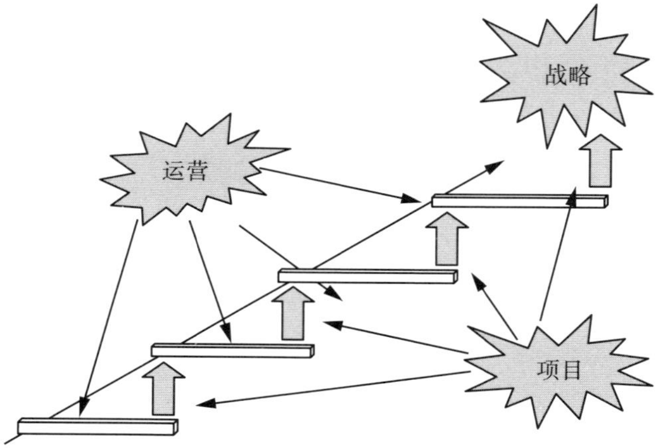

图 1-2 项目管理与运营管理间的关系

蓄能量的量变过程。也就是说，运营管理是为组织的存在而进行的维持性工作，强调秩序与规则，是组织能量的量变积累。

当通过运营管理使组织的发展达到一定程度时，就很难再以这种方式使组织能力得到更大的提升。在这种情况下，为了突破能力瓶颈的限制，组织通常会以项目的方式（如组织变革项目、产品研发项目、工艺改进项目等）将其能力在垂直方向上提升到一个更高的层次。这时，组织能力就以这种方式突破了量变的桎梏，发生了质变。项目管理正是保证这种质变顺利发生的有力手段。也就是说，项目管理是目标导向的一次性努力，关注变革和突破，是组织能量发生质变的动力。

通过项目的实施完成了这种质变的纵向提升后，组织能力就再次需要通过运营管理来巩固和沉淀所获得的新能力，并在这一新的水平上开始积蓄能量，直到再次需要通过项目管理来进一步提升组织能力。如此反复，通过运营管理和项目管理的配合，组织得以实现其战略目标。这就是项目管理能力对于组织能力的提升至关重要的原因。

管理启示

- 项目管理是以目标为导向的一次性努力，关注变革和突破，是组织能量发生质变的动力；运营管理是为组织的存在而进行的维持性工作，强调秩序与规则，是组织能量的量变积累。

小 结

项目并不神秘，项目在工作和生活中无处不在。对于某项工作来说，是把它当成项目还是日常运营来对待，在很大程度上与看问题的视角及管理的要求密不可分。从运营的视角去看，它就是运营；从项目的角度去看，它可以是项目。但是，是否需要将某项具有日常运营特点的工作转换成项目来看待，则应该依据管理的有效性及便捷性来考虑，并不是说，这项工作变成了“项目”，它就显得“高档”了。

换句话说，虽然事事都可变成项目，但这并不意味需要把任何事情都变成项目来进行管理。我们要强调的是，不论面对哪种类型的工作，我们都需要具备“事事都可变成项目”的管理视角和项目化的思维方式。

第二章

不识干系人，成功似『浮云』

工作中，你是否常常感到困惑：你的工作缺乏别人的理解和支持；你的努力和付出没有获得别人的认同和满意；别人对你所做的事情似乎毫无兴趣；某个意想不到的人使你的工作陷入困境；你不知道究竟在什么时候得罪了某个人……

事实上，很多人都没有意识到，在很多情况下，不良的干系人管理是造成我们工作失败的关键因素之一，而我们对此却毫无警觉。

《项目管理知识体系指南》（第5版）把干系人管理从原有的九大知识领域中分离出来，使之成为独立的一大知识领域，充分说明了干系人管理对于项目成功具有巨大的作用。

树立起干系人管理的意识，正视干系人管理的重要价值，识别、分析并管理干系人对工作的影响，是引导我们走向成功的重要保障。

第一节　谁是那些影响你工作的人

一、干系人

我们知道，在绝大多数情况下，任何一项工作或任务的成功，需要不同的人员通力协作才能实现。所有这些人，都对工作或任务的最终结果有所贡献，他们在发挥着自己对工作或任务的影响的同时，也会受到工作或任务的影响。这些与项目有关系的人通常被称为项目的利益相关者（stakeholder）。

在项目管理中，项目的利益相关者是一个非常重要的管理对象，而且它还拥有一个专业术语——项目干系人。将项目干系人从项目中识别出来并加以管理以保证项目实现的一系列措施，被称为项目干系人管理。

对于如何去定义项目干系人，目前尚没有达成共识，不同的项目管理研究机构，甚至不同的专家都有自己的认识和阐述。《项目管理知识体系指南》(第5版)对项目干系人的定义为：项目干系人是能影响项目决策、活动或结果的个人、群体或组织，以及会受到或自认为会受到项目决策、活动或结果影响的个人、群体或组织。

本书在借鉴《项目管理知识体系指南》(第5版)最新项目干系人描述的基础上，采用如下定义：干系人是积极参与项目，或其利益因项目的实施和完成而受到积极或消极影响的个人或组织。同时，他们也可能对项目及可交付成果和项目团队成员施加影响。从这个定义上可以看到，干系人可能是直接参与项目的人，如项目经理、项目团队成员等，也可能是受到项目影响的人。这种影响对于干系人来说，可能是积极的，也可能是消极的。此外，干系人可以是某个人，也可以是某个组织、部门或团体。另外，干系人也会对项目或项目团队施加影响。

简而言之，干系人既会受到项目的影响，也会对项目产生影响。

管理启示

- 工作中对干系人(利益相关者)施加管理是非常必要的，因为他们既会受到我们工作的影响，也会对我们的工作产生影响。不识干系人，成功似“浮云”。

我们一直强调每一个项目都是独特的，但是这并不妨碍不同的项目会拥有几类相同的干系人群体。

二、项目经理

每个项目都会有一个项目经理(project manager),或是承担项目经理角色的人。项目经理是执行组织委派其实现项目目标的个人。

项目经理对项目的成败负直接责任,除非涉及不可抗拒因素,否则项目失败的第一责任人就是项目经理。

项目经理是团队领导,也是沟通者、决策者和气氛制造者。他负责编制项目计划,监控项目计划的执行,组织与管理项目团队,对项目成员进行绩效考核,对项目工作进行总结,并从事为保证项目成功而做的其他工作。

那么,为什么每个项目都需要有一个项目经理的角色呢?

记得小时候,我看到电视里转播的音乐会里总会有一个拿着小棍的人在那里指挥。当时很不理解,为什么需要这么一个挥舞小棍的人?为什么乐队的人都要听他的?为什么这个人总能获得观众的尊敬和掌声?

乐团里的每个人都是某一种乐器的演奏专家,如果没有人对他们进行统一指挥,那么这群专家演奏出来的内容很可能就是杂乱无章的噪声,无法形成美妙动听的乐章。项目经理所起的作用,就类似于乐队的指挥,他不一定是演奏专家,但他比别人更清楚:演奏要达到的标准是什么,什么时候需要哪个乐器来演奏,演奏多长时间,如何让整个乐队的配合协调如一,如何调动和发挥每个成员的激情和能力,等等。

三、项目发起人

项目不是凭空产生的,而是由某个人或组织发起的。发起项目的人(组织)就是项目发起人(sponsor)。

项目发起人是指以现金或其他形式,为项目提供财务资源的个人或团体。项目发起人一般都具有较大的影响力,能够为项目的立项和实施争取到宝贵的资源。

项目发起人会将发起的项目视为自己的孩子，项目的成败直接关系到发起人本人的荣誉和利益。因此，发起人是项目的坚定支持者和游说者。

此外，项目发起人还可能参与其他重要的项目事项，如范围变更审批、阶段末审批、项目继续/不继续的决定等。

四、项目团队

项目团队（project team）由项目经理、项目管理团队和其他团队成员组成。

项目团队是执行者和协助者。项目团队执行项目经理所分配的项目任务，并协助项目经理对项目进行管理。

事实上，项目经理也是项目团队的一员。项目管理团队是项目团队中的核心成员，协助项目经理分管项目工作。

五、客户/用户

客户/用户（client/customer）是使用项目产品、服务或成果的个人或组织。

客户/用户可能来自项目执行组织的内部或外部。在某些领域，客户与用户是同义词；在另外一些领域，客户是指购买项目产品的个人或组织，而用户是指直接使用项目产品的个人或组织。比如，对于一家服装店来说，购买衣服的顾客既是客户，又是用户。但是，对于一家服装生产企业来说，经销商是客户，而最终的消费者是用户。

除上述最基本的干系人外，不同的项目会涉及各种各样的干系人，如职能经理、运营经理、项目管理办公室、供应商、合作伙伴，甚至是项目团队成员的家人，等等。

六、案例：谁是取经项目的干系人

为了更好地理解项目干系人这个概念，我们以《西游记》中的取经项目为例，对取经项目的干系人进行分析。

在《西游记》中，取经项目的目标是去往距离大唐十万八千里的西方极乐世界向如来佛祖求取真经。

这个取经项目的发起人是如来佛祖。为什么呢？

回忆一下《西游记》中的一个片段。当时，如来佛祖正在为众菩萨和罗汉讲经，历数天下四大部洲。前三个部洲可圈可点，总体还不错。当讲到南瞻部洲时，如来佛祖说："但那南赡部洲者，贪淫乐祸，多杀多争，正所谓口舌凶场，是非恶海。我有真经三藏，可以劝人为善。"说完，如来佛祖向观音菩萨说道："观音大士，你去寻那取经人来。"于是，观音菩萨才乔装打扮来到人间寻找取经人。所以，这个取经项目实际是如来佛祖直接发起的。

项目团队比较容易识别，就是师徒四人和一匹马。

在取经项目团队中，唐僧是项目经理，他是这个团队的领导，对取经项目的成败负直接责任。孙悟空、猪八戒、沙和尚和白龙马都是团队的成员。其中，孙悟空是技术骨干，核心团队成员，是项目管理团队的一员。

取经项目的客户是大唐皇帝，因为经取回来是交付给他。但最终受益的是大唐子民，所以大唐子民是这个项目的用户。

在项目实施过程中，所有对项目的完成提供支持和帮助的人，不论是天上的神仙，还是地上的凡人，都是起积极作用的干系人。一切阻碍项目完成的，不论是妖魔鬼怪，还是凡间的恶人，都是起消极作用的干系人。

除了项目团队外，经常在项目执行过程中给予团队重要支持的人是关键干系人，其他人是一般干系人。其中，观音菩萨总是在项目困难时出现，提供帮助，那么她担任一个什么角色呢？观音菩萨首先是项目的一个关键干系人。细说起来，她的角色更加类似于组织中的人力资源总监，或是项目总监。她自己不直接参与项目，但是整个项目团队的成员都是由她“招聘”来的。此外，她在组织内具有比较大的影响力，所以在项目遇到困难时，她有能力提供比较到位的支持。

如果再考虑到取经路上那些为项目团队提供食宿的人，那么他们类似于“供应商”的角色，为项目的实施提供相关的资源。

第二节　如何最大限度识别干系人

一、为什么要对干系人进行管理

我们为什么要对干系人进行管理呢？不管行不行？

事实上，作为管理者，不懂干系人管理或无视干系人管理，是导致工作失败的重要因素之一，但是很多人并没有意识到这一点。

具体来说，干系人管理能够给我们的工作带来如下三个方面的帮助。

（一）赢得更多的组织资源

每个组织给予我们完成工作所需的资源可能是有限的，甚至是不足的。在这种情况下，我们就需要为自己的项目或工作赢得更多的资源。

通过干系人管理，可以使与我们工作相关的人更好地了解我们的工作。基于这种了解，他们会更加理解我们所做的事情、所付出的努力、所面临的困难和所需要的帮助。给予别人的帮助都是在理解的基础上进行的，如果别人不认同我们所从事的工作，不赞赏我们所付出的努力，那么他怎么可能会支持我们？只有让别人理解并认同我们，我们才可以为自己的工作赢得更多的组织资源。

（二）确保准确理解干系人的需求和期望

干系人管理可以帮助我们识别出对工作产生影响的各类利益相关人群。通过有序的管理手段，保持与干系人的沟通，从而准确理解他们的需求与期望。这样，我们就可以在完成工作的过程中，尽量满足他们的需求和期望，从而得到各方认可。

如果忽视了这一点，在工作过程中损害了其他人的利益，那么就算我们成功地完成了工作任务，也只是“打赢了一场战斗，却输了整场战役”。

（三）预测并应对干系人影响

干系人管理可以帮助管理者保持与干系人的联系，及时掌握干系人的态度和建议，从而提前预测干系人可能会对其工作施加的影响。基于这种判断，管理者可以提前就出现的问题与干系人进行沟通协调，并制订应对的措施。我们要扩大和推动干系人对工作的积极影响，让支持者更加支持我们；控制和避免干系人对工作的消极影响，让抵制者减轻对抗程度或停止对抗我们，甚至转变为支持我们，从而保证工作的顺利完成。

简而言之，干系人管理的本质就是，基于对干系人期望的了解，尽可能满足其需求，降低其对工作的干扰程度，发挥其对工作的积极影响，从而保证工作顺利完成。

那么，如何才能做到对干系人实施有效的管理呢？首先，需要识别干系人；其次，依据一定的方式将识别出来的干系人进行分类；

再次，分析不同干系人对工作产生的影响，确定他们的优先顺序，从而判断出自己最需要关注哪些人；最后，制订和实施管理干系人的各项措施。

管理启示

- 不恰当的干系人管理是导致工作失败的重要因素之一。
- 干系人管理的本质就是，基于对干系人期望的了解，尽可能满足其需求，降低其对工作的干扰程度，发挥其对工作的积极影响，从而保证工作任务顺利完成。

二、找出影响你工作的人

“找出影响你工作的人”就是识别干系人的过程。通过干系人的定义我们知道，干系人一方面会受到我们工作的影响，另一方面也会对我们的工作产生影响。但是，这对于识别干系人还不够充分。若想更全面地识别干系人，不妨紧盯三类人：一是受项目活动或结果影响的人；二是影响、支持或抵制项目结果的人；三是对项目的成果有个人、财务或职业利益要求的人。由此识别出来的干系人可能会有重叠，但这并不影响我们对干系人的判别，其目的是尽可能全面地找出所有的干系人。

在识别某个项目或工作的干系人时，建议项目经理或管理者不要自己一个人来完成这个任务，应该将团队成员召集起来，发挥集体智慧，让大家一起共同识别出所有的干系人。同时，对已识别出来的每个（类）干系人对项目或工作的期望，以及与项目或工作间的相互影响，做出一个基本的判断。

练习

- 识别出你目前所从事的项目或工作中涉及的干系人，并尝试描述每一个（类）干系人对你的项目或工作的期望，以及与项目或工作间的相互影响。

第三节 怎样对干系人进行分类

当把一项工作的干系人识别出来后，我们会发现，他们的数量很可能会非常多。不要对所有的干系人进行平均管理，因为这样做不仅缺乏足够的时间，而且也是困难的和低效的。因此，为了保证管理的高效、便捷，有必要将干系人进行分类，以便区别对待。

我们主要从权力、作用、利益和参与度四个维度来对干系人进行分类。

一、权力

权力可以简单理解为干系人在组织中的管理职级所赋予他的职权力。一般来说，管理职级越高，权力越大。

但需要注意的是，权力并不等同于干系人能够向特定项目施加影响的能力。假设某干系人在组织中职位高、权力大，但如果项目并不属于他的职责范围，那么他对该项目发挥影响的作用也是有限的。比如，我们为技术部组织一次研发项目管理的培训，营销副总裁对这个培训项目提出了一些意见。但事实上，在这个项目上，营销副总裁的意见对于项目的影响很可能不及管理职级较低但与项目有紧密关系的技术部经理。

二、作用

作用是指干系人改变项目计划和项目执行的能力。干系人对项目的作用可大可小。作用大意味着干系人有能力使项目按照他们的想法来做，作用小说明干系人使项目按照他们的想法来做的能力小。

但是，如前文所述，作用大的干系人不一定拥有很大的权力，而权力小的干系人也可能作用大。比如，项目中的技术专家没有担任具体的管理职务，并没有职务级别所带来的权力，但是他的专业意见却可以对项目的计划或执行产生影响。

三、利益

利益主要体现为项目成果与干系人的利益关系。项目与干系人利益相关度高，他们对项目的关注度就高；反之，他们对项目的关注度就比较低。项目使干系人受益，他们就愿意支持；反之，他们就会反对。

四、参与度

参与度是指干系人主动参与项目的程度。值得注意的是，虽然参与度在一定程度上显示出干系人对项目施加影响的愿望，但并非所有参与度低的干系人都不愿意参与，也可能是他们缺乏参与的条件，如时间和空间的限制等。

五、其他维度

此外，如果管理上需要的话，我们还可以用其他的维度来分类干系人。比如，干系人的来源、干系人对项目所施加的影响和干系人的重要性等。

（一）来源

按照干系人的来源，可以将其分为来自组织（或项目团队）内部的干系人（内部干系人）和来自组织外部的干系人（外部干系人）。比如，我们为员工组织一次培训活动。普通员工、部门领导、老板、人力资源部员工等是内部干系人，提供培训服务的培训机构、聘用的讲师、提供场地的宾馆等是外部干系人。

（二）影响

按照干系人对项目施加的影响程度，可以将其分为对项目产生积极影响的干系人（积极干系）和对项目产生消极影响的干系人（消极干系人）。凡是支持项目和帮助项目实现的人，就是积极干系人；凡是反对项目和阻碍项目成功的人，就是消极干系人。

（三）重要性

按照干系人的重要性，可以将其分为关键干系人和一般干系人。对于关键干系人需要施加重点的管理，而对于一般的干系人可以施加较少的管理。

我认为，以什么维度去划分干系人并不是一定的和必需的。重要的是，对干系人进行分类的方式能否有利于特定项目或工作的管理要求。

第四节　谁是最需要关注的干系人

一、干系人分析矩阵

我们在工作中一定会面对众多的干系人群体，他们对我们工作的态度和影响，以及对我们工作结果的期望和要求都是不一样的。

每一位管理者都不可能有足够的时间对众多的干系人施加平均的管理。这样的做法既不现实，也没有效果。我们需要通过分析和研究，找出最需要关注的干系人，并将大部分精力聚焦于重要干系人的管理上。

运用不同维度搭建的干系人管理矩阵有助于理解干系人在项目中的状态，并以此找出合适的管理策略。图2–1为干系人权力—利益矩阵。

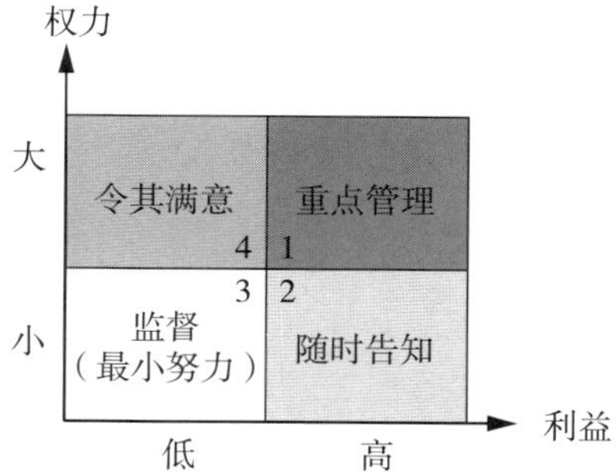

图2-1　权力—利益矩阵

权力—利益矩阵依据干系人管理职级所赋予的权力及其在项目中的利益将干系人划分为四个区域。

（1）区域1：权力大，利益高

管理策略：重点管理。

处于区域1的干系人，不但本身权力大，而且在项目中的利益也高。对于这类干系人，需要进行重点管理。

（2）区域2：权力小，利益高

管理策略：随时告知。

处于区域2的干系人，虽然本身在项目中的利益较高，但由于其管理职级不高，掌握的权力不大，通常对项目产生的影响不会很大。另外，因项目与该类干系人间存在较高的利益关系，他们会对项目比较关注。缺乏项目信息会让这类干系人变得焦虑和不安，所以项目经理有必要及时将项目信息告知他们，让其了解项目进展；否则，一旦引发对方的不满或抵制，即使其权力不大，也会对项目产生干扰。

比如，公司决定搬迁办公地点。员工对这一决策很难有决定性的影响。但如果在搬迁项目中不考虑员工的切实问题，不理会他们的合理要求，不及时将相关信息告知他们，就会造成员工对整件事的猜疑、顾虑和不满。很多员工可能不会配合搬迁工作，甚至通过集体辞职来对抗。

（3）区域3：权力小，利益低

管理策略：监督（最小努力）。

处于区域3的干系人，权力不大，而且与项目的利益关系也比较低。他们既没有权力在很大程度上影响项目，也没有兴趣去这么做。所以，项目经理只需用最小的努力去监督他们即可。但是，最小的努力不代表可以无视他们，因为随着项目的发展，这类干系人的权力和与项目的关系都可能发生变化。因此，项目经理仍然有必要对该类干系人进行监督，并与他们保持基本的沟通。

（4）区域4：权力大，利益低

管理策略：令其满意。

处于区域4的干系人与其他三个象限的干系人相比，情况稍显特殊，值得引起更多的关注。对于处于区域4的干系人，即使目前在项目中的利益不高，项目经理也应该谨慎。由于该类干系人拥有比较大的权力，一旦他们认为项目与自己的利益关系增加时，就可能对项目施加更大的影响。因此，非常有必要让他们对项目的发展保持满意的状态。一方面，当该类干系人决定更积极地参与项目时，项目实施前带给他们的满意度能够使其成为项目的支持者；另一方面，即使他们对于项目的利益诉求在项目的执行中没有发生改变，使其满意也非常重要，这有利于项目经理及项目团队与其维持关系，并在未来的工作中继续获得其支持。

如果项目经理忽略了区域4中干系人的利益，不能使其感到满意，即使对方无法对当前的项目造成很大影响，但是得罪一个位高权重者永远都不是明智的选择，因为他很可能会在未来的道路上“等”着你。

事实上，对于管理者来说，其管理的有效性必须基于良好的人际关系，特别是与高层的关系。如果在干系人管理上缺乏整体系统的考量，只是关注眼前的利益和“贵人”，那么项目暂时所取得的“成功”就很可能为未来埋下祸根，“为了赢得一场战斗，却输了整场战役”。

管理启示

- 管理者需要以整体的视角来考量其工作干系人的利益，特别需要谨慎对待“位高权重”的干系人，切忌“为了赢得一场战斗，却输了整场战役”。

通过以上权力—利益矩阵的分析，我们可以看到，对不同类别干系人的管理策略不同，而且项目经理在管理不同类别干系人时所分配的时间也不同：区域1＞区域2＞区域4＞区域3。

此外，我们还可以用权力和参与度这两个维度来分析不同干系人的管理策略，图2-2为干系人权力—参与度矩阵。

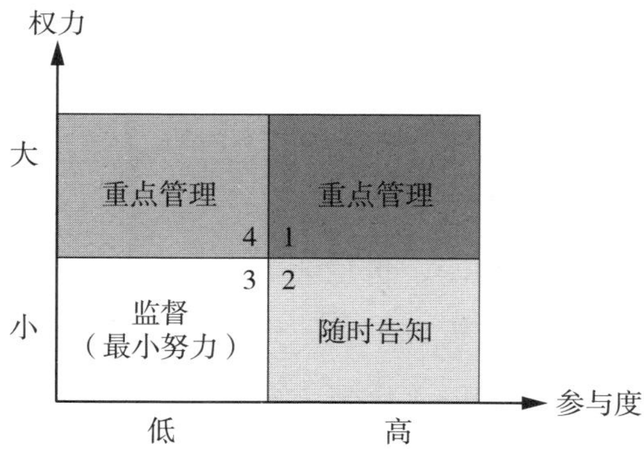

图2-2　权力—参与度矩阵

权力—参与度矩阵依据干系人管理职级所赋予的权力及其参与项目的程度将干系人划分为四个区域。

- 区域1：权力大，参与度高。
- 区域2：权力小，参与度高。
- 区域3：权力小，参与度低。
- 区域4：权力大，参与度低。

权力—参与度矩阵与权力—利益矩阵在区域1、区域2和区域3上情况基本类似。对区域1中权力大、参与度高的干系人进行重点管理；

对于区域2中权力小、参与度高的干系人随时通告项目进展；对区域3中权力小、参与度低的干系人只需用最小的努力进行监督；唯有区域4不同，对于权力大、参与度低的干系人，需要采取与区域1一样的重点管理。其原因在于，区域4中的干系人也许本身非常关注项目，但由于时间、空间等各种因素的限制不能够以高频率的方式参与到项目中来。

为了提高区域4中干系人的参与度，并确保他们对项目施加积极的影响，项目经理有必要对他们实施重点管理。一方面，及时向他们告知项目信息；另一方面，想方设法为他们创造参与项目的条件。比如，通过视频或电话会议的方式让身处远方的此类干系人能够参加关键的项目会议。

此外，根据管理的需要，我们可以将干系人不同的维度属性进行组合，以便从多种角度来认识干系人与项目的关系。

二、为干系人排座次

管理者的时间是有限的，也是宝贵的，因此管理者必须将有限的时间投入到高效的干系人管理中去。只有把更多的时间和精力放在重点干系人的管理上，才能给工作带来更大的管理效能。这就要求管理者必须为众多的干系人排座次，评估他们的优先顺序。

怎样评估干系人的优先顺序呢？

首先，判断干系人权力、作用的大小和利益、参与度的高低，并用H（高）、M（中）、L（低）来表示；然后，依据干系人获得H、M、L的数量来给其排序。

第一优先级：最重要的干系人，也是优先级别最高的干系人。比如，可能需要在四个维度的评估中，至少有三个H，甚至更多。

第二优先级：重要的干系人。需要在四个维度的评估中，至少有两个H，甚至更多。

第三优先级：需要参与项目的干系人。需要在四个维度的评估中，至少有一个H。

第四优先级：需要被监督的干系人。在四个维度的评估中，没有H。

注意：以上的排序要求只是一个例子。事实上，如何定义干系人的优先级，既要根据管理要求去定义，也要考虑各个维度对特定项目的实际影响。所以，不仅要评估有多少个H，还要把M的数量也考虑进去。

我们以表2-1为例做一个说明。张三的优先级别最高，因为他在权力、作用和利益维度上都是H；李四和王五为第二优先级，因为他们都有两个H；陈六为第三优先级，只有一个H；马七为第四优先级，一个H都没有。

表2-1　干系人排序表示例

干系人姓名	部门/单位	职务	权力（H/M/L）	作用（H/M/L）	利益（H/M/L）	参与度（H/M/L）	优先级别
张三			H	H	H	M	1
李四			M	H	H	M	2
王五			H	M	M	H	2
陈六			M	M	M	H	3
马七			M	L	M	M	4
……							

如何定义干系人的优先级需要每个组织根据自身的情况去设计。

第五节　如何管理工作中的干系人

对于干系人的管理，其实主要体现在对项目或工作的信息沟通管理上，尽量做到信息及时，沟通到位。其中，干系人参与评估表、干系人登记表和干系人沟通管理表是进行干系人管理的常用工具。

一、评估干系人的支持度

通过干系人分类维度组合的矩阵可以分析出具有不同属性的干系人的管理策略，但这还不够。我们还需要进一步了解干系人对项目的支持程度，以及我们所期待的支持程度，以便我们更具有针对性地采取行动。

干系人参与评估表能够呈现出项目中不同干系人的当前支持程度和期望值，该表将干系的支持度分为五类：不知晓、抵制、中立、支持和领导（如表2-2所示）。

表2-2　干系人参与评估表示例

干系人姓名	不知晓	抵制	中立	支持	领导
张三	C			D	
李四		C	D		
王五			C		D
陈六	C			D	
马七			C		D
……					

注：C表示干系人当前的项目参与状态，D表示干系人被期望的项目参与状态。

- 不知晓：对项目情况不了解，甚至可能不知道这个项目发生了什么。
- 抵制：反对项目，很可能会对项目产生消极的影响。
- 中立：既不支持，也不反对。
- 支持：与项目保持一致，能够为项目的开展提供帮助。

▪ 领导：不仅支持，而且积极地支持项目。

通过干系人管理，应该尽可能将所有干系人的项目参与度转变为“支持”或“领导”状态，最坏的情况也是使他们的项目参与度处于“中立”的状态，这样就为项目的开展创造了积极的环境。

二、干系人登记表

编制干系人登记表，有助于管理者对影响自己项目或工作的干系人有一个整体的了解，如表2–3所示。

干系人登记表主要包括以下信息。

（一）联系信息

干系人的联系信息包括姓名、职位、部门、单位、座机、手机和电子邮箱等。由于干系人不仅仅是来自组织内部，在很多情况下，会有外部的干系人参与项目，如客户、供应商等，因此有必要通过“单位”一项来体现。

（二）分类信息

干系人在权力、利益、参与度和作用等维度上的程度。

（三）排序

评估干系人的优先顺序。

（四）项目角色

群体：干系人所属群体，如团队成员、客户、高管、发起人等。

项目阶段：与干系人相关的项目阶段。

项目任务：干系人所负责或参与的项目任务。

表2-3 干系人登记表示例

序号	联系信息							分类信息				排序	项目角色			状态(不知晓/支持/中立/抵制/领导)	
	干系人	职位	部门	单位	座机	手机	电子邮箱	权力	利益	参与度	作用		群体	项目阶段	项目任务	当前	期望
1																	
2																	
3																	
4																	
5																	
6																	
7																	
8																	
9																	
10																	
11																	
12																	

（五）状态

状态代表干系人对项目的支持程度，分为不知晓、支持、中立、抵制和领导。

干系人支持度的评估结果具有敏感性。为了避免信息被相关人员了解并产生误解，因此有必要采取相对保密的方式来体现其状态。用字母代码来呈现干系人的支持度有利于整合信息，也有利于保密。

字母代码：

- C：干系人当前的项目参与状态。
- D：干系人被期望的项目参与状态。
- U：不知晓。
- R：抵制。
- N：中立。
- S：支持。
- L：领导。
- CR：当前抵制。
- DS：期望支持。
- CN：当前中立。
- DL：期望领导。

三、干系人沟通管理表

干系人沟通管理表用于保证在项目或工作过程中与相关干系人保持适当的沟通，如表2-4所示。

表2-4 项目干系人沟通管理表示例

序号	主要项目干系人	在项目中的角色	基本需求和期望	在本项目中的利益程度（H/M/L）	对项目的影响程度（H/M/L）	管理建议（信息/方式/频度等）
1						
2						
3						
4						
5						
6						
7						

首先，将识别出来的主要干系人填写在“主要项目干系人”一栏中。

然后，界定出他们在项目中担任的角色，如发起人、客户、用户、供应商等，分别填写在“在项目中的角色”一栏中。在“基本需求和期望”一栏中描述相关干系人对项目的基本需求和期望，这些可以通过调查和主观判断获得。在“在本项目中的利益程度”一栏用H、M、L来标注不同干系人在项目或工作中的利益程度。在“对项目的影响程度”一栏中用H、M、L来标注不同干系人对项目或工作中产生影响的程度。

最后，再提出“管理建议”。也就是说，在项目或工作过程中，需要将什么样的信息以什么样的方式，按照多大的频度传递给对方。或者，在项目或工作过程中，需要就哪些问题、决策，以什么样的方式，按照多大的频度与对方进行协商或谈判，等等。其中，传递给对方的信息一定是符合其需求与期望的信息，对方才有兴趣了解。因此，针对不同的干系人，即使是在传递同样的项目信息，但描述的角度也可能会不同。沟通方式是指按照符合对方信息接收习惯的方式传递信息。在沟通过程中，信息发送失败，责任在于信息发出方。按照对方习惯的沟通方式传递信息，信息才容易被对方读取。因此，我们有必要了解对方习惯的沟通方式，如纸质报告、口头汇报、电子邮件等。频度是指按照多大的频率给对方传递项目中的信息。不同的干系人对信息要求的频度也是不一样的。比如，对于领导来说，可能一个月汇报一次比较合适；对于有紧密合作的其他部门来说，也许需要两周汇报一次；对于项目团队内部的成员，可能一两天就需要汇报一次；等等。信息传递过于频繁，接收人会不胜其烦；信息传递频度过低，接收人会无法及时获取所需的信息。

小　结

我们的工作势必会受到各类人群的影响，也势必会对其造成影响。正要确认识干系人，树立干系人管理的意识，理解干系人管理对于保障项目成功的重要作用，掌握干系人管理的基本方法。

第三章 让项目赢在『起跑线』上

项目的“起跑线”一是指项目的启动工作，二是指项目的需求管理工作。一方面，要做好任何一个项目，必须重视项目启动环节。如果没有做好启动工作，那么项目可能在刚开始时就动力不足。另一方面，在项目启动前，一定要先弄清楚项目需求，这样才能保证工作方向的正确性。如果没有弄清楚项目需求就去做，那么很可能会把时间浪费在错误的事情上。

如果把一个项目比作一场赛跑的话，那么项目的计划、执行和监控阶段就类似于起跑后到冲刺前的赛段，项目的收尾阶段就类似于冲刺的赛段，而项目的启动和需求管理的部分就类似于起跑的赛段。

好的开始是成功的一半，要想使项目在开始阶段就建立起成功的基础，一定要重视项目的启动工作和需求管理工作！

第一节　如何启动项目

一、知道做什么之前先弄清楚为什么要做

项目的启动不是一个随意的过程。通过项目启动过程，我们可以让项目“师出有名”！

对于“师出有名”的重要性，古人早在两千多年前的《礼记·檀弓下》中就明确提及“师必有名”。也就是说，一个国家要出兵打仗，必须有正当的理由，才能名正言顺，从而获得支持。后来，师出有名

比喻做事情一定要有充足的理由。我们在启动一个项目时，必须要符合一定的条件，而不是随意启动，随意启动的后果就是"师出无名"。启动了不具备启动条件的项目，结果自然是可想而知的。

因此，对于任何项目来说，我们在知道做什么之前得先弄清楚为什么要做。"为什么要做"就是启动一个项目前需要考虑的前提条件。那么，从哪几个方面来考虑启动项目的前提条件呢？

（一）是否有充分的理由来启动这个项目

也就是说，启动这个项目是为了什么？是为了解决某个问题，实现业务收益，还是为了迎合企业的战略需求？必须有一个足够的理由去支持项目的启动，理由不充分就不予启动。

（二）启动这个项目是不是可行的

比如，这个项目在技术上可行吗？要实现的商业结果可行吗？我们现有的环境对于实施这个项目可行吗？等等。如果不可行就不予启动这个项目。

（三）这个项目的目标及可交付成果是什么

项目的目标包括了在项目时间、成本、质量和范围方面的要求。可交付成果指的是这个项目最终产出的结果、产品等。如果目标和成果不清晰就不予启动这个项目。

问题（一）（二）（三）的答案是启动一个项目的三个"先天"条件，有了这三个问题的答案也就具备了启动项目的"天时"。

（四）这个项目的主要干系人是谁？是否了解他们的需求与期望？是否向他们通报了相关的信息

在项目启动阶段需要去识别项目的干系人，了解他们对项目的需求与期望，并向他们通报项目相关的信息，以便获得更多人对项目的支持。

满足了问题（四）的要求，便使项目的启动具备了“人和”的基础。

（五）是否就最基本的项目内容达成一致

对项目的内容要达成共识，包括服务范围、服务期限、工作方法、工作量估计、各方角色、可交付成果、完成标准、收费标准、付款方式、变更管理，等等。我们可以用工作说明书（statement of work，简称SOW）的形式对其进行书面描述。

（六）谁是项目经理

项目需要有组织正式任命的项目经理。

（七）项目是否已经获得了组织的批准

项目需要获得组织的批准，才可以正式立项。

问题（五）（六）（七）的答案带来了启动项目所需的“地利”条件。

因此，只有在天时、地利、人和的情况下，项目才具备了充分的启动条件，也才能避免因不恰当地开展某个项目带来的不良后果。

二、师出有“名”——有章可依

在项目获得组织的批准后，可以通过一个文件来表示项目的正式立项，这个文件就是项目章程。项目章程具有以下几个作用。

（一）项目章程是有关项目的书面描述

项目章程是对项目的性质、项目需求、工作范围、项目目标、可交付成果、验收标准、制约因素、假设、前提等方面的书面描述。

（二）项目章程是就项目进行沟通的书面共识

所有的工作人员是在项目章程的基础上对项目的一致认识来执行项目。如果在项目执行过程中对一些基本认识有歧义，那么项目章程里的明文描述可以作为判断依据。如果没有对项目的基本认识形成一个书面的描述，那么在项目执行过程中很可能会出现扯皮或冲突，这样会对项目的实施造成负面影响。

（三）项目章程是任命项目经理的正式文件

项目章程明确指明了谁是项目经理，谁负责这个项目的实施和完成。如果缺少正式的任命环节，那么在项目经理开始执行项目时，很可能除了项目经理本人及任命他的领导外，其他人并不知道他是该项目的负责人。在这种情况下，可能会对他有效地开展工作产生一定的影响。

（四）项目章程是项目经理的授权文件

项目章程明确了项目经理在项目执行过程中，应具备什么权力，以及可以调动哪些资源，等等。

（五）项目章程应该获得项目发起人的签发

项目章程应该获得项目发起人的签发，这表示组织对该项工作的官方认可。

项目章程的模板如表3-1所示。

表3-1 项目章程

项目名称：	
计划开始日期：	计划完工日期：
项目需求（商业论证）：	
项目目标：	
可交付成果（项目产品）：	
验收标准：	
假设与约束条件：	
项目经理及授权：	
批 准 人：（签名）	批准日期： 年 月 日

具备了项目启动的条件，项目就可以正式启动了。

在管理实践中，并非所有的项目启动都需要项目章程。对于一般性和常规性的项目来说，可根据企业的自身情况来操作；但对于具有一定规模和重要性的项目来说，则有必要具备这种书面的正式启动环节。

无论是否具有书面形式的项目章程，一定要具备这种启动项目的思维方式。通过这一过程，可以让我们的项目师出有“名”。

三、师出有“民”——有人可用

在项目章程获得组织的正式认可后，我们要做的工作就师出有“民”了，我们需要找到去完成这项工作的人，组建做事的团队。

“管理三要素”——“搭班子、定战略、带队伍”被认为是联想集团非常重要的管理思想。为什么是“管理三要素”中的“搭班子”排在首位，而不是“定战略”呢？因为如果没有合适的人去完成某项工作，还不如不做，也就不需要考虑“定战略”的问题了。我认为，可以将“管理三要素”与项目管理来对应。“搭班子”就是组建项目团队，“定战略”就是制订如何去执行项目的计划，而“带队伍”就是打造高绩效的项目团队。也就是说，项目启动需要具备有能力去执行项目的人。

首先，“点将”。这个“将”就是项目经理，组建项目团队要先确定项目经理。

其次，“招兵”。“招兵”就是为项目团队招募成员。一方面，我们可以通过在组织内部给项目团队配备人员的方式来组建团队，为了获得合适的人力资源，我们需要在这个过程中与各方进行沟通、谈判。由于团队成员是从各个部门抽调的，势必会影响到被抽调人员所在部门的工作，部门领导一般都不愿意放手优质的人力资源，因此在争取合适的人力资源加入项目团队的过程中，很可能需要进行多次沟通与谈判。另一方面，如果组织内部缺乏所需的人力资源，那么就需要通过外部招聘等方式来获取。还存在另外一种常见的“招兵”方式，就是组织为项目直接配备项目团队，而不是由项目经理来组建团队。其缺点是，直接配备的项目团队未必是项目经理认为适合去完成项目任务的最佳人选，但项目经理不得不面对各种意想不到的挑战去实现项目目标。

最后，"买马"。"买马"就是获取支持完成项目所需的资源，包括设备、物资、原料、产品、服务等。

此外，还需要注意项目团队组建的原则——认同、互补、匹配。

认同是指项目团队成员需要对参与的项目有一致的认可。如果一个人不认同该项目，却被安排在项目团队中，那么可想而知，我们很难期待他会为项目的完成做出积极的贡献。

互补是指项目团队成员需要在能力和性格上有所互补。举个例子，一群孙悟空聚在一起，谁都不服谁，争强好胜，最后就会打起来；而一群猪八戒聚在一起，都在指望着别人干活，最后都会懒死。

匹配是指项目团队成员所具备的能力应该与实现项目目标所需要的能力相匹配。在《西游记》的取经项目中，如果观音菩萨找了几个凡人去保护唐僧，那么他们很难取到真经。

四、师出有"鸣"——广而告之

在组建完项目团队后，正式开始执行项目前，管理者应该召开一个启动会。启动会之所以很有必要，并非因为启动会是一个重要的仪式，主要是因为启动会是一个"广而告之"的过程。

首先，启动会表示项目的正式启动，是向干系人通告项目正式开始的一种方式。最好的方法是，邀请项目的重要干系人出席启动会。由于项目团队在执行项目过程中一定会涉及这些重要干系人，因此需要让他们更多地了解项目的情况，从而使他们为项目提供支持和施加积极的影响。

其次，利用启动会向项目团队成员及干系人明确项目背景、概况和目标。

再次，利用启动会向项目团队成员及干系人明确项目的组织结构，以及每个成员在项目中的角色和职责。

最后，利用启动会进行项目团队的建设与激励。相关领导应该出席启动会以视对该项目的重视，向所有员工宣讲该项目的重要意义，表达对项目团队的期望，强调该项目给每个团队成员带来的成长和发展机会，承诺参与者的收益，等等。通过这个环节，激发项目团队成员的工作热情和荣誉感，为开展项目创造良好的团队氛围。

管理启示

- 师出有“名”，即具备必要的启动条件并获得组织的正式认可。
- 师出有“民”，即具备有能力完成项目的人。
- 师出有“鸣”，即通告项目的开始，赢得广泛的认同与支持。

第二节　如何管理项目需求

一、怎么做之前先弄清楚做什么

《爱丽丝梦游仙境》中有这么一个情节：

爱丽丝走到了一个通往不同方向的路口，她不知何去何从，于是向邱舍小猫咪请教。

“邱舍小猫咪，能否请你告诉我，我应该走哪一条路？”爱丽丝问。

“那要看你想到哪儿去。”小猫咪回答。

“到哪儿去，我倒是无所谓……”爱丽丝说。

“那么，你走哪一条路，也就无所谓了。”小猫咪回答。

在上述情节中，邱舍小猫咪的回答颇有哲理，如果我们不知道要前往何处，那么走任何道路都无所谓。

英国有句谚语：“对于一艘盲目航行的船来说，任何方向的风都是逆风。”“做事之前不弄清楚做什么”就如同“航行前不知道要驶向何处”，因为任何努力都不可能引领我们到达不可知的目的地。“做事之前先弄清楚做什么”就是确定工作的方向和目标，而方向和目标的确定是基于对需求的管理。“怎么做之前先弄清楚做什么”就是强调需求管理的过程。

（一）需求搜集

在项目启动会之后，项目团队就需要投入到项目工作中。

编制项目计划是项目开始执行的第一步，而弄清楚需求是项目计划的基础。因为弄清楚需求解决的是“做什么”的问题，编制项目计划解决的是“怎么做”的问题。如果没有弄清楚需求，可能会导致工作的方向出现错误，即使项目计划编制得再好，也无法达成目标。同时，弄清楚了项目需求，我们也就明确了项目的目标，以及知道自己需要做哪些工作来达成项目目标，这就是任务识别。

需求对于项目成功的重要作用不言而喻。如图3-1所示，由于“用户需求不完整”而造成的项目失败在众多失败因素中名列第一。我们可以看出，“用户需求不完整”所占的比例比“缺乏资源”和“不现实的期望”这两项因素所占的比例之和还大。

因为不同干系人对项目的需求和期望不同，所以他们对需求的表述和理解也就不同，这导致他们很难就项目的需求达成共识。图3-2的漫画就是一个有趣而真实的例子。

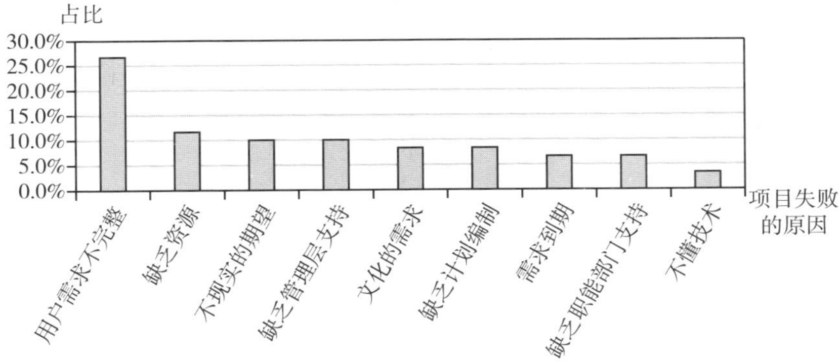

图3-1 项目失败的帕累托分析

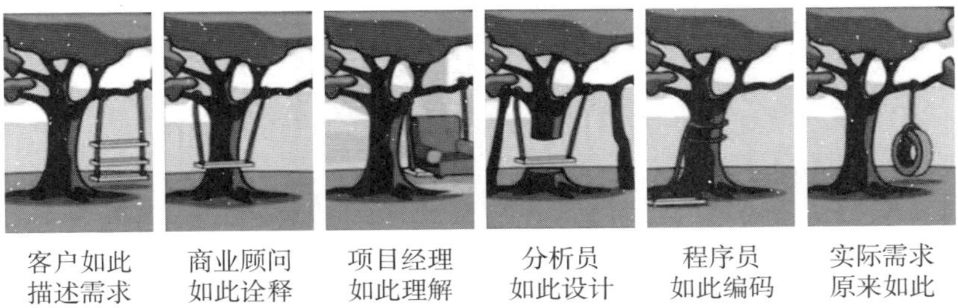

图3-2 漫画

为了获得对项目需求的一致认可，搜集来自各个层面的需求信息就成了很重要的一步。需求的搜集主要通过两个方面来实现：一方面，项目章程里其实就有针对项目需求的基本描述，即使这个需求只是一个大方向，还不是十分清晰和具体；另一方面，我们可以对识别出来的项目干系人的需求和期望进行调查和了解。需求调查的方式有很多种，包括访谈、焦点小组会议、调查问卷、群体决策技术和观察等。

图3-3为《项目管理知识体系指南》定义的需求搜集过程。

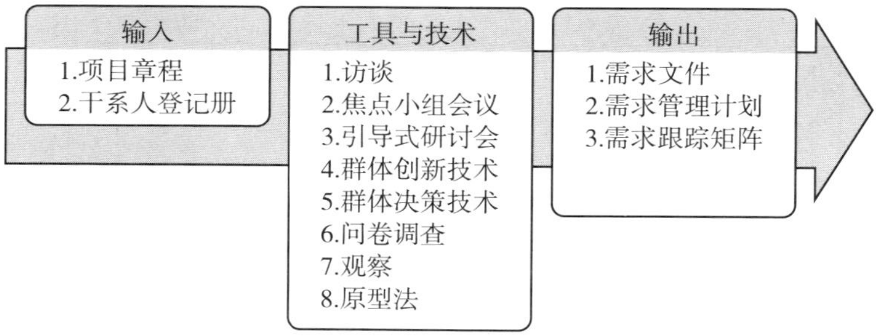

图3-3 需求搜集过程

（二）需求文件

可以将需求的调查结果整理成需求文件。需求文件的主要内容包括以下几个方面。

- 项目名称：项目的任务是什么？项目的性质是什么？
- 项目背景：项目产生的前因后果是什么？项目与组织间的业务有什么关系？
- 项目需求识别：客户的需求是什么？与功能要求相对应的技术要求是什么？
- 问题描述（SOP）：项目需要解决的问题是什么？
- 客户：谁接受项目的交付结果？
- 重要干系人：谁影响项目的交付成果或受项目成果的影响？
- 任务描述（SOW）：项目团队需要完成哪些工作任务？
- 交付成果及里程碑：主要输出成果是什么？项目需花费多少时间才能完成？项目何时开始及何时结束？
- 项目目标：项目在范围、工期、预算、质量方面的要求是什么？
- 主要风险：影响项目目标实现的潜在负面事件有哪些？
- 制约因素：项目受到哪些方面的限制？
- 假设前提：完成项目任务需要哪些前提条件？

- 项目管理的方法：组织执行该项目的方式是什么？

二、将做什么转变为怎么做

在形成了项目需求文件之后，就可以依据项目需求来定义项目的范围。也就是说，为了实现项目目标，员工应该做哪些工作。有时，为了避免员工对项目范围的理解产生歧义，有必要进一步强调哪些工作不包含在项目范围内。

例如，我们组织一次针对初级人员销售能力的培训项目。

为了完成这个项目，我们需要做的是组织一系列的培训活动，包括销售技能、沟通技能、谈判技能、产品知识、基础销售话术训练等。但是，为了避免员工对项目范围的理解产生歧义，我们可以在明确必要的项目活动的基础上，强调哪些工作不属于本项目的范围。

- 这个项目是针对初级销售人员的，不是针对中、高级销售人员的。
- 这是针对销售能力提升的培训项目，不是针对领导力、团队管理的培训项目。

当需求清晰界定后，就需要把这个需求转变为可以具体去执行的活动——工作任务。项目需求是对期望结果的描述，但并没有明确告诉我们应该怎么做才能达到期望的结果。我们必须对达成期望结果所需要做的工作进行分析，将需求转变为具体的工作任务，才能够去执行。

比如，我希望写一本针对管理者的项目管理书籍。这个需求是明确的，但怎么做呢？于是，我进一步分析，要写这样一本书需要做哪些事情。首先，需要对书的架构有个整体构思；然后，编写本书的大纲；其次，准备和查找用于编写的相关专业参考资料；再次，根据大纲依次编写每一部分的内容；最后，进行多次修改和完善。这样，写一本书的需求就转变为可以一步一步实现的具体工作了。

如果只知道需求，而不知道如何把需求转变为可以去操作的工作的话，需求就如同空中楼阁，无法实现。

在《三国演义》中，刘备的理想是“匡扶汉室”。虽然刘备的需求很明确，但他并不知道如何将这个需求转化为具体的工作任务去实现。在遇到诸葛亮前，刘备已经为了他的理想打了十几年仗。由于刘备不知道怎么做才能够实现他的理想，所以即使他东奔西跑打了十几年仗，都对实现“匡扶汉室”这个目标没有太大帮助。刘备打到最后，不但没有实现他的理想，甚至连块巴掌大的地方都没有占据。

后来，刘备三顾茅庐。基于刘备匡扶汉室的需求，诸葛亮在分析天下形势后向刘备提出了“北让曹操占天时、南让孙权占地利，将军可占人和”的竞争战略，以及“联吴抗魏”的战略方针。同时，提出了实现需求的“三步走”的路线。

第一步，先占荆州以为家（取荆州）；

第二步，再占益州以为基业，成三足鼎立之势（取益州）；

第三步，待天下有变，可图中原（图中原）。

如此，诸葛亮就把“匡扶汉室”变为了让刘备知道该怎么做的具体任务了。

诸葛亮不但将刘备的需求转变为了可以执行的任务，而且还给了每个任务的结果赋予了可接受的标准，即每一步的实现都以赢得民心为评估标准。也就是说，刘备不仅需要占领荆州，而且要以“人和”的方式来占领，也就是要在占领荆州的同时获得民心，这样才算完成了第一步的工作。如果刘备通过掠夺屠杀的方式占领了荆州，从而失去民心的话，那么即使他占领了荆州，这一步的结果也是失败的。第二步和第三步的路线同样如此。

总而言之，当把需求转变为工作任务时，首先，每个任务都需要有一个可交付的成果，比如占领荆州就是刘备第一步的可交付成果；其次，每个可交付成果都有一个可接受的标准，比如占领荆州必须是以获得民心的方式；最后，当可交付成果按照可接受的标准被接受了，这个任务才算完成。

管理启示

- 弄清楚需求是让我们知道“做什么”；将需求转变为工作任务是让我们知道“怎么做”；可交付成果是按照可接受的标准去完成“怎么做”的结果。
- 当需求转化为工作任务，执行工作任务获得可交付成果，可交付成果按照要求的标准被接受时，任务就完成了。

小结

好的开始是成功的一半。项目的“起跑线”涉及两方面的工作：一是做好项目启动工作；二是弄清楚项目的需求。

做好启动工作首先要识别项目是否具备了充分的启动条件。项目章程是项目立项的正式文件，也是对项目描述的共识文件，还是项目经理的授权文件。项目立项后，项目经理需要组建项目团队。此外，在项目执行前，召开项目启动会也是一个不容忽视的环节。

用户需求不完整（不清晰）是项目失败的首要原因。要想做好对需求的了解，就要首先进行需求搜集，然后进行整理和分析，最后形成需求报告。此外，需要将获得的需求转变为可以去实现的工作任务。

第四章

将『苹果』切成小块来吃

如果一项工作并不复杂，那么我们处理起来就会比较容易。如果一项工作比较复杂，那么我们处理起来就会比较困难。假如我们把比较复杂的工作看作一个苹果，那么为了比较容易地吃掉苹果，就可以将苹果切成小块来吃。将苹果切成小块来吃的方法在项目管理中被称为“工作分解”。

工作分解是将项目化大为小、化难为易、化繁为简的有力工具。

第一节　将项目化繁为简

一、为什么需要切“苹果”

为了实现项目目标，我们需要将项目的需求转变成可以执行的具体任务，这样需求才能变成具有操作性的工作。

比如，在《三国演义》中，诸葛亮将刘备“匡扶汉室”的需求转变成了可以具体去执行的“三步走”，即取荆州、取益州、图中原。但是，即使诸葛亮帮助刘备将需求变成了具体的任务，也可能出现另一种状况，就是刘备仍然不清楚如何去做。在这种情况下，刘备不是不知道该做什么，而是由于工作太复杂，不知道从哪里下手。这就好比我们拿着一个大苹果，由于苹果太大，我们无从下口。怎么办？最好的办法就是把大苹果切成小块来吃。那么，我们应该如何将复杂的工作变成简单的工作去完成呢？

项目管理提供了一个分解的思想，以此来帮助我们将项目化大为小、化难为易、化繁为简。

中国古代伟大的思想家、哲学家老子在《道德经》中说：“图难于其易，为大于其细。天下难事必作于易，天下大事必作于细。”这句话的意思是：要解决问题，必须从简易处入手，成就大事，必须从小处着眼；天下的难事都是从容易的地方开始做起，天下的大事都是从细微处着手。这就是一种分解的思想，将困难的事分解成容易的事，将繁多的事分解成细小的事，将复杂的事分解成简单的事。

那么，为什么要进行这样的分解呢？

因为分解的思想能够帮助我们更好地去处理这些事情。我们很难一下子就将困难的事情、繁多的事情、复杂的事情处理好，有时很可能还找不到处理问题的头绪。当我们把事情分解成更小的部分时，由于难度降低，我们就有能力对其进行管理。所以，分解的本质就是，将不容易管理的复杂工作分解为多个便于管理的细小工作，以化整为零的方式实现更有效的管理。

管理启示

- 分解就是将困难的事分解成容易的事，将繁多的事分解成细小的事，将复杂的事分解成简单的事。
- 分解的本质就是，将不容易管理的复杂工作分解为多个便于管理的细小工作，以化整为零的方式实现更有效的管理。

二、WBS——切苹果的“刀”

分解是项目管理中非常重要的思想。

为了对工作进行有效的分解，项目管理提供了一个用于分解的有力工具——WBS。

WBS把项目按一定的原则自上而下逐步分解成更小的单元。项目分解成任务，任务分解成工作，再把每项工作分配到每个人的日常活动中，即：项目→任务→工作→日常活动。

在这样一个分解的过程中，有几个重点的地方需要进行说明。

第一，WBS是以可交付成果为导向的工作层级分解。也就是说，工作分解都是以达成项目最终目标为目的的，并将这个最终目标逐层分解成更小的单元来实现。同时，分解是有层级的，需要从上至下逐层分解。

第二，在分解过程中，每下降一个层次就意味着对项目工作的定义越详细。分解每下降一个层次，分解出来的工作就越细小，对于工作的认识也就越详细。由于下一层次是对上一层次更详细的定义，因此当某项工作向下分解成更细小的工作时，其分解出来的更细小的工作数量一定不小于两个；否则，就没有分解的必要了。

第三，分解出来的所有活动的总和定义了项目总范围。项目的总范围是指为了完成项目的目标需要做的所有工作。分解出来的所有活动都是以实现项目目标为目的的，它们构成了要实现项目目标所需要做的所有工作。

第四，每个任务分解到便于管理为止。一个项目如果比较大，就不太容易估计出完成它所需要的资源、成本和时间，管理起来就会比较困难。当把每项工作分解到我们能够比较准确地估计出这些要素时，分解也就可以停止了。如果工作分解地太过细小，反而不利于管理。因此，分解也要适可而止。

第五，工作包（work package）是指当将工作分解到便于管理为止时，工作分解结构最底层的那些不再分解的活动。对于这些不再分解的活动，我们能够可靠地估算和管理它们的工作成本和活动时间。

第六，WBS是有层次的，没有层次的活动列表不是WBS。也就是说，如果把一项工作分解成多个小单元，而它们之间并没有层次关系，那么这只是一种活动清单，不是WBS。

第七，没有在WBS中的活动不属于项目的范围。WBS中的活动都是我们基于项目成果的实现从上至下一层一层分解出来的，所有这些活动都对最终项目成果的达成具有贡献。如果某项工作并不在我们分解出来的活动中，那么它就不是我们应该做的工作。如果做了这项多余的工作，不但对项目成果的实现没有帮助，还会浪费项目的资源、成本和时间。所以，一定不要去做那些不在WBS中的活动。需要注意的是，我们在分解工作时一定要做到完全分解，不要遗漏任何活动。

第二节　WBS化大为小的妙用

一、如何创建WBS

我们以图4-1为例来详细说明如何创建WBS。

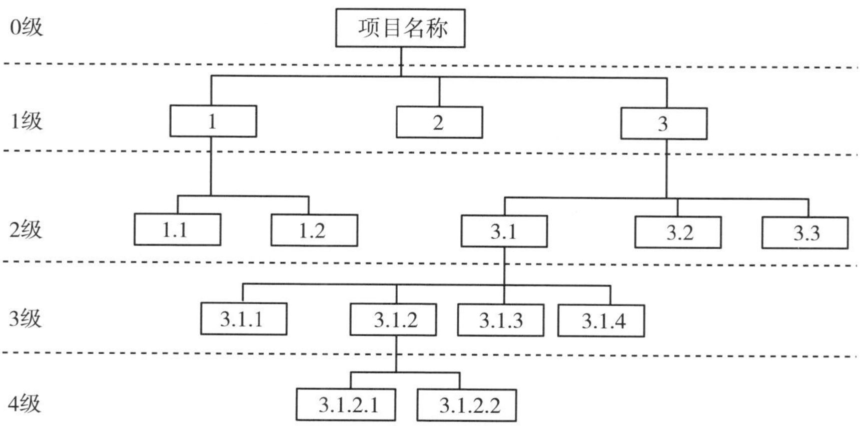

图4-1　WBS分解图示

- 0级：项目名称。
- 1级：为了实现这个项目，我们将这个项目分解成1、2、3三项大的任务。这是第一级分解。
- 2级：将第一级的任务向下分解，得到第二级的工作。第一级的三项任务中除了第2项外，第1项和第3项任务又再次被分解成五个更小的工作——1.1、1.2、3.1、3.2、3.3。这是第二级分解。
- 3级：将第二级中的工作再向下分解，得到第三级的活动。以3.1为例，向下分解成3.1.1、3.1.2、3.1.3、3.1.4四项更小的活动。这是第三级分解。
- 4级：将第三级中的活动再向下分解，得到第四级更为细小的活动。以3.1.2为例，向下分解成3.1.2.1、3.1.2.2两个活动。这是第四级分解。

当每一项工作不再分解时，它最底层的活动就是工作包。在将一个项目或工作从上至下分解成工作包的过程中，需要如下五个步骤。

第一步，识别和分析可交付成果及相关工作。需要考虑项目的可交付成果有哪些，为了实现这些可交付成果需要做哪些工作。

第二步，确定工作分解结构的分解逻辑。分解不是随意的，是按照一定的逻辑进行的，因此在分解前需要根据实际工作的特点和管理要求，选择一种最适合的分解逻辑。

第三步，实施分解，进行自上而下的逐层细化分解。

第四步，当满足管理的需要时，停止分解。需要说明的是，工作包的层级并不一定是一致的。比如，有的工作分解到第三级就不再分解了，那它的工作包的层级就是第三级；有的工作分解到第四级才停止分解，那它的工作包的层级就是第四级。项目的总范围就是所有位于不再分解层级的那些活动的总和，它们分别处于哪个最终的层级并不重要，重要的是，它们代表了自己所分解工作的最底层。

第五步，核实工作分解的程度是必要的。在分解结束后，需要进行检查核实：是否有遗漏的活动，是否该分解的工作都分解了，是否分解到了必要的程度，等等。如果在分解过程中有漏项，可能会影响项目的实现。比如，组织一次培训活动，其他的工作都完成了，但是忘记预订场地了，这次培训活动就很可能因此而取消。如果仅仅是忘了制作学员手册，虽然活动仍可以进行，但是项目的质量会受到影响。

我们再以车库建设项目为例来说明分解的过程，如图4-2所示。

- 0级：车库建设项目。
- 1级：为了完成这个项目，需要实施“场地”建设和“车库”建设两项任务。这是分解的第一级。
- 2级：再以“场地”建设为例。要完成它，就需要完成“车道”建设和“环境”建设两项工作。这是分解的第二级。
- 3级：再往下分解。以“车道”建设为例，将其分解为“路面”、“材料”、“砂石路面”和“水泥路面”四项活动。这是分解的第三级。
- 4级：将“路面”再分解为“清理路基”和“平整”两个子活动，将“材料”再分解为“列出清单”和“采购”两个子活动，将“砂石路面”再分解为“敷设”和“碾压”两个子活动，将“水泥路面”再分解为“敷设”、“碾压”和“抛光”三个子活动。这些子活动是分解的第四级。

如果第四级便于管理，那就不再分解。再强调一下，所有层级中那些不再继续分解的活动，都是项目的工作包。因此，有的工作包可能是位于第二级不再分解的某项工作，也可能是位于第三级的某项不再分解的活动，还可能是位于更低层级的更小的活动。

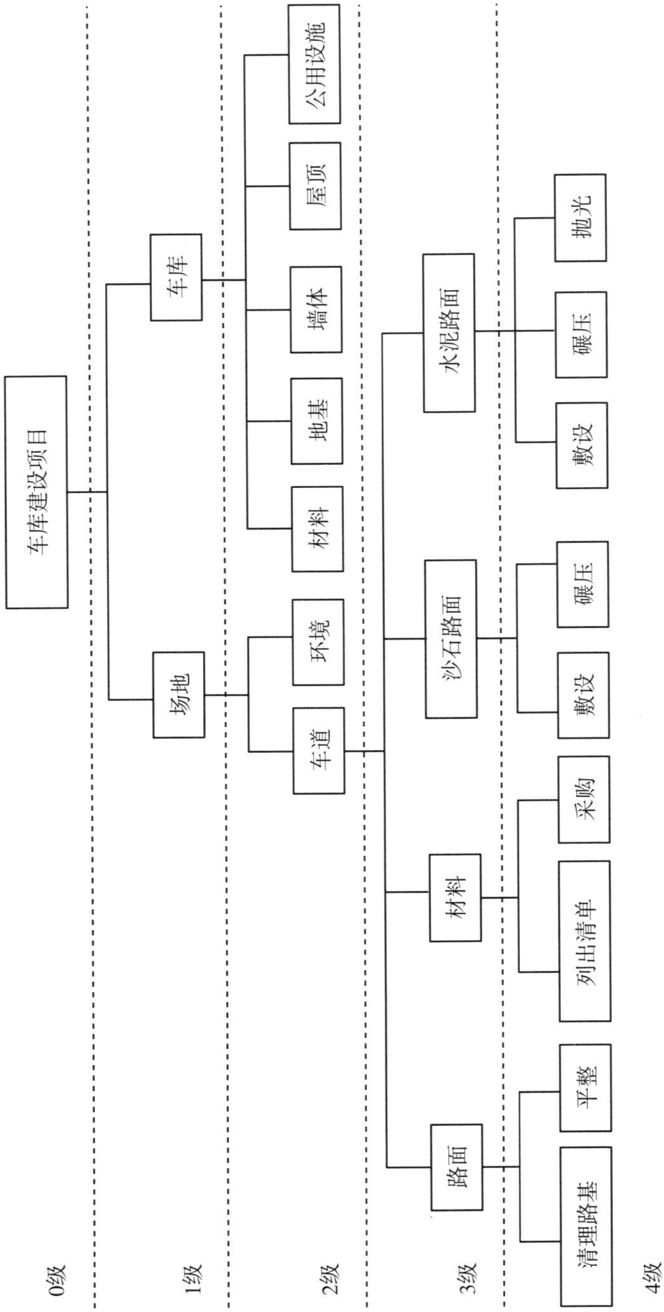

图4-2　车库建设项目工作分解

二、分解遵循的原则

在创建WBS的过程中，需要遵循几个原则。

（一）100%规则

每一个层次应该完全细分上一个层次，如果没有做到完全细分而产生了漏项，那么当我们完成项目工作后，就会发现一些本应该做的工作并没有做。这些遗漏的工作可能会对项目进度、成本和质量产生负面影响，甚至有可能直接导致项目失败。

（二）每一项工作应有明确的负责人

一个项目分解出来的细小活动会有很多。有的细小活动是由一个人来完成，有的是需要多个人合作完成。但是，不论在哪种情况下，对于任何一个活动来说，都必须指明一个负责人，他需要对活动的结果承担责任。比如，有的管理者在交办工作时说：“这个事情需要你们两个人负责。”管理者并没有指明谁是主要负责人，人人负责，就意味着没人负责。

（三）一个工作包只能对应一个可交付成果

如果发现分解出来的最底层不再分解的“工作包”可以产生两个或两个以上的可交付成果，那就说明分解不充分，还需要继续分解。

管理启示

- 人人负责，就意味着没人负责。

三、第一级分解的逻辑

在运用WBS对工作进行分解时，需要依照一定的分解逻辑。需要说明的是，这里所说的分解逻辑都是针对WBS的第一级分解而言的。

（一）按实施过程来分解

按实施过程来分解就是按照一个项目实施的过程来分解，把执行的步骤分解出来。

例如，组织一次会议，如果按照项目实施过程来分解，就可以分为会议策划、会议通知、会议准备、会议举行、会议纪要下发等几个部分。

如图4-3所示，刘备的目标是匡扶汉室。诸葛亮在帮助刘备分解他的目标时，就是按照这个逻辑进行的。第一步，取荆州；第二步，取益州；第三步，图中原。

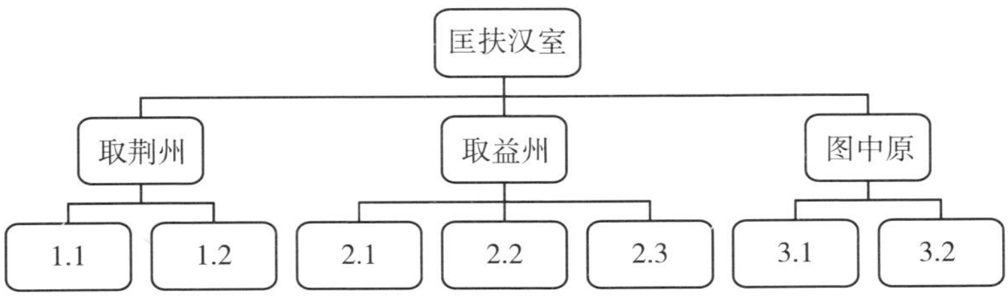

图4-3 按实施过程来分解

（二）按主要的可交付成果来分解

按主要的可交付成果来分解就是按照一项工作最终产出的各项结果来分解。

如图4-4所示，我们准备一顿晚宴，如果按照主要可交付成果这个逻辑来分解，就可以分为主食、热菜、凉菜、汤、酒水和甜品。

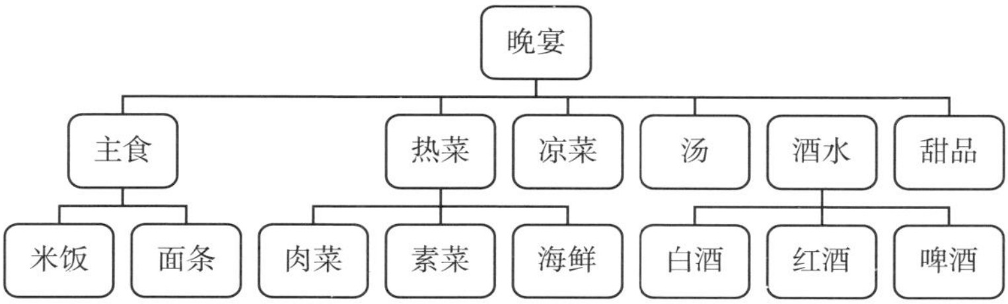

图4-4　按主要的可交付成果来分解

（三）按子项目来分解

当一个项目很复杂时，工作上会有很多头绪，而各个头绪上的工作又各不相同。要一下子把这些不同的工作都做好，管理的难度会很大。这时就可以将庞大的、复杂的项目分解成一些子项目来分别管理。每一个子项目都有自己的小目标，但每个小目标又是整个大项目目标的一部分。

如图4-5所示，组织一个大型运动赛事就可以根据它的特点，将这个大项目分解成一些规模小的子项目来管理。如果这些子项目的规模还是很大，还可以继续分解成更小的子项目。

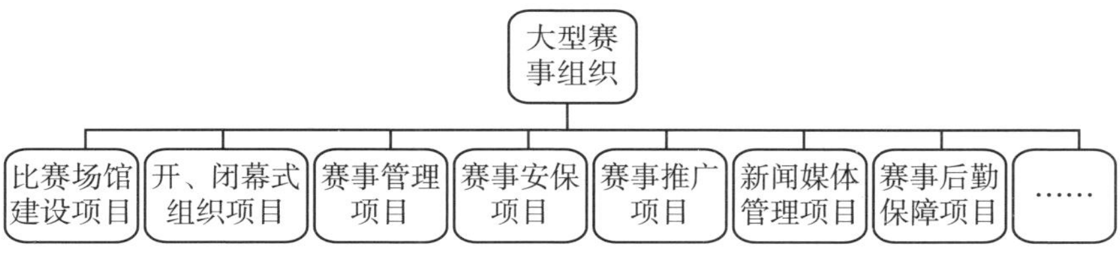

图4-5　按子项目来分解

（四）按产品或功能来分解

一个项目可能是生产一系列的产品或实现多种功能，那就可以按照不同产品或功能来对它进行分解。

例如，一个产品研发项目，如果它有多个型号和用途，就可以将其分解为产品型号A、产品型号B、产品型号C等，或功能1、功能2、功能3等。

如图4-6所示，设计一个培训课程体系可以按照培训活动的不同功能将其分解为更小的培训活动。

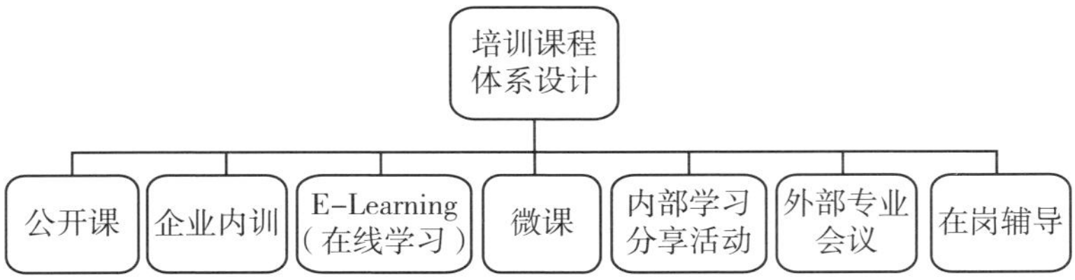

图4-6 按功能来分解

（五）按产品的物理结构来分解

按产品的物理结构来分解就是把组成一个产品的各个物理部分作为分解的单元进行分解。

如图4-7所示，制造一辆自行车，可以按照其物理结构把它分解成框架部分、曲柄部分、车轮、刹车系统和传动系统五个部分来分别制造。之后只需将制造好的这五个部分组装起来，就可以成为一辆自行车。

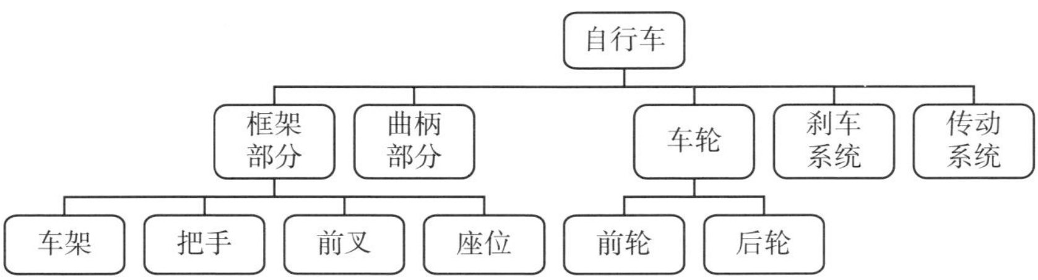

图4-7 按产品的物理结构来分解

（六）按项目的地域分布来分解

按项目的地域分布来分解就是按照项目所在的区域将其进行分

解，分区域对项目进行管理。

如图4-8所示，把企业正在实施的业务项目按区域分为华东项目、华北项目、华中项目、华南项目、西南项目和西北项目，分别进行管理。

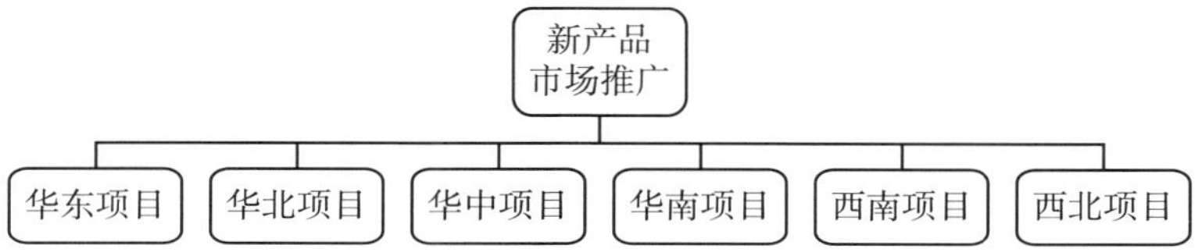

图4-8　按项目的地域分布来分解

（七）按部门或职能来分解

按照部门来分解，可以把某一组织的项目分为研发部的项目、生产部的项目、销售部的项目、市场部的项目、财务部的项目、人力资源部的项目等。

按照职能来分解，可以把某一组织的项目分为研发类项目、生产类项目、销售类项目、营销类项目、财务类项目、人力资源类项目，如图4-9所示。

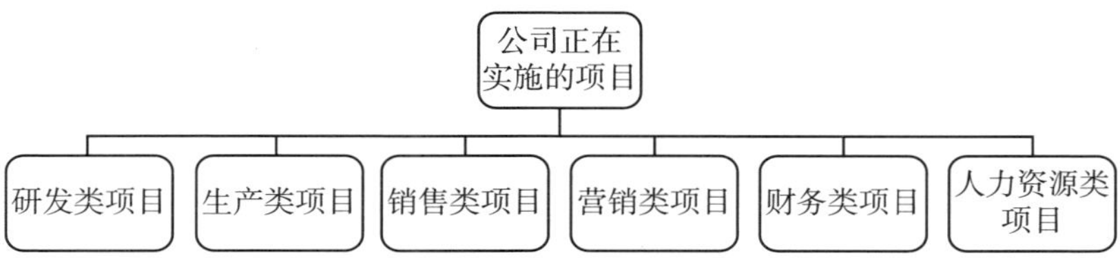

图4-9　按职能来分解

WBS是项目管理的核心工具，是实施项目管理的关键要素。如果一个项目管理者没有掌握WBS，他就无法有效地进行项目管理。如果一个管理者希望运用项目管理方式来提升管理效能，那么他就必须掌握这种工作分解的思想。

练习

- 以自己目前工作中正在执行的项目或工作为例，尝试创建一个WBS。

小 结

WBS是项目管理的核心工具。在项目管理中，许多工作的展开都是在WBS的基础上进行的。WBS是我们将工作化大为小、化难为易、化繁为简的有力工具。

分解的思想是项目管理中一种重要的思维方式。

第五章

预则立，不预则废

对于计划的重要性，再怎么强调都不过分，因为项目管理就是在合理的计划的基础上，通过有效的过程控制来达成结果。计划是管理的基准，没有计划，也就无法对过程施加控制。

《礼记·中庸》中明确告诫我们："豫（预）则立，不豫（预）则废。"

第一节　工作要有计划

一、案例：没有计划的后果

通过WBS分解出来的活动，是为了实现项目目标需要完成的工作。那么，是否只要把为了实现项目目标需要完成的工作识别出来并加以实施，就能很好地完成项目呢？在回答这个问题前，大家先阅读下面的小故事。

星期六，李明早上起床后，发现家里实在太乱了，决定把房间收拾一下。

他决定先打扫房间的地面。他从卧室开始打扫，当打扫到了书房时，他看到书桌上的电脑、图书、文件、文具等堆得到处都是。于是，他放下了扫把，开始整理书桌。他将书桌上的物品分类清理。当他把图书放回书柜时，他突然发现书柜上的灰尘还真是不少。他又端来了水，用抹布开始擦拭书柜。在他擦拭书柜时，他从书柜里整理出一些废纸，然后他将废纸拿到厨房，并扔到了垃圾桶里。这时，他看到厨房水槽中的锅碗瓢盆还没有清洗，于是他立刻开始清洗厨具。在他清洗厨具时，他又发现厨房灶台上有油污。他赶紧放下洗了一半的厨具来清洗灶台上的油污。这时，灶台上方的抽油烟机又引起了他的注意。由于抽油烟机太脏了，油污从储油盒中沿着墙壁流下来，把墙壁也弄脏了。他想，应该找一家专业的保洁公司来帮助清洗抽油烟机。于是，他在小区业主微信群里求助有关保洁公司的信息。半小时后，他终于获得一家保洁公司的联系方式。李明多次尝试联系这家公司，但始终无法联系上对方。李明放下电话，看到沙发被杂物堆得乱七八糟的，他又立刻投入到整理沙发的战斗中去……

一上午过去了，李明疲劳地躺在仍堆满杂物的沙发上。

回想一下，李明这一上午做了许多工作，清扫房间、整理书桌、擦拭书柜、清洗厨具、清洗灶台、联系保洁公司、收拾沙发……

但是，房间只打扫了一半，书桌还没有整理完毕，书柜擦拭了一部分，锅碗瓢盆还在水槽中放着，灶台没有清洗完，保洁公司没有联系上，杂物依旧占领着沙发……

李明很郁闷："我马不停蹄地打扫了一上午，怎么什么也没做完呢？"

在这个小故事中，李明在收拾房间时做了许多工作，但他的忙碌并没有给他带来预期的结果，为什么呢？因为他只知道不停地信手处理出现的各项任务，却没有为整个工作提前做任何计划，以至于所有的工作都是在无序的情况下展开的。虽然李明的执行能力看似高效，但他不过是在无谓地做着高效的"布朗运动"（Brownian movement）。事实上，没有什么会比高效的无序忙乱更加低效。

计划是我们做事情的蓝图，引领我们正确地去做事。做事情不考虑怎么做，就不可能有序地开展工作，也就不可能达成预期的结果。

管理启示

◆ 事实上，没有什么会比高效的无序忙乱更加低效。

二、计划编制涉及哪些内容

为了有效地实现工作目标，计划编制是不可或缺的一步。计划编制涉及的内容如下：

- 工作范围计划：识别要达成目标需要完成的所有活动，以及如何完成这些活动。
- 项目进度计划：需要多少时间完成项目？什么时间开始，什么时间结束，以及如何对进度进行管理？
- 人员分工计划：在项目执行过程中，什么人干什么活？
- 资源需求计划：在项目执行过程中，需要哪些资源（如物资、设备、原料等）？
- 成本预算计划：需要花多少钱？每个阶段需要花多少钱，甚至每个活动需要花多少钱？
- 质量计划：需要把项目做到一个什么样的标准？
- 风险应对计划：如何应对项目中的意外事件，以保证项目的顺利实施？
- 沟通计划：如何将信息在执行的过程中有效地传递给干系人？
- 变更管理计划：针对项目中可能发生的变更进行管理的计划，有计划就会有变化，但变化需要受到控制。
- 采购计划：需要从外部采购哪些产品、服务，以及如何管理这一过程？
- 文档管理计划：如何对项目中形成的文档进行归档管理？

▪ 项目验收和移交计划：如何验收项目和移交项目成果等？

在项目管理中，这些都是在计划编制过程中需要考虑的内容。在通用管理中，我们也可以借鉴这些计划内容，根据实际管理的需要，确定哪些是重点计划的部分，哪些是次要的甚至是可以忽略的部分。

第二节　进度计划怎么编制

一、进度计划编制的思路

进度是实现任何工作和项目时都必须考虑的管理要素，也是衡量项目目标实现与否的四个维度之一，同样进度计划也是项目计划中最重要的部分之一。

项目管理在进度计划编制上具有独特的思路。需要强调的是，项目管理中的进度计划编制是基于WBS的分解结果。由此可见，分解的思想和WBS在项目管理中的重要地位。

那么，项目管理中的进度计划编制是按照什么思路进行的呢？

首先，通过WBS将项目中所有需要完成的活动分解出来，但WBS只是将所有活动识别出来，它并不能体现各个活动间的相互关系。

其次，按照逻辑，将所有分解出来的活动依据发生的先后顺序和相互依赖关系进行排序。

再次，考虑在各个活动中将投入的相关资源，如人员、设备等。

最后，依据活动的内容和投入的资源，估算出各个活动的历时，即完成活动所需要的时间。

所有活动之间的逻辑关系有了，各个活动所持续的时间也有了，就可以形成项目的进度安排了，即：

二、活动间的相互关系

（一）三种依赖关系

为了确定项目各个活动的排序，我们有必要先了解一下活动间的三种依赖关系。

1.B依赖A

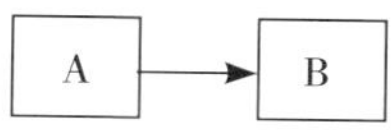

2.C依赖A和B，A和B平行

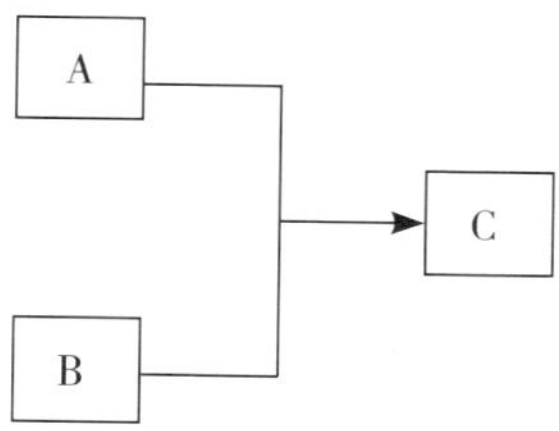

3.C和D依赖A和B，A和B、C和D平行

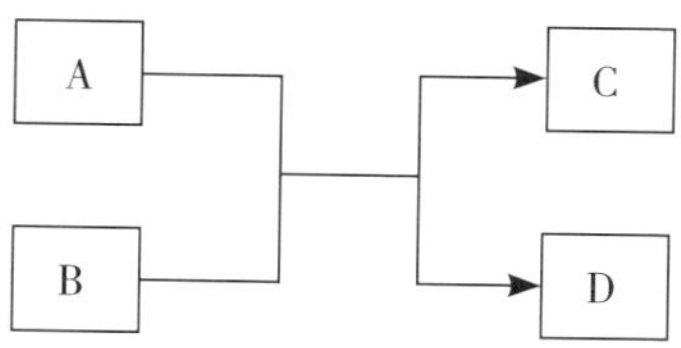

（二）四种逻辑关系

活动间还存在四种逻辑关系，这四种逻辑关系我们用英文字母F、S的组合来代表。F为finish的缩写，代表“完成”；S为start的缩写，代表“开始”。

1.完成—开始（FS）

只有A活动完成，B活动才能开始，这是最常见的一种活动间的逻辑关系。

2.完成—完成（FF）

只有A活动完成，B活动才能完成。例如，只有项目验收通过，项目才算结束。

3.开始—开始（SS）

只要A活动开始，B活动就同时开始。例如，在百米赛跑时，发令枪一响，在枪声响起的同时，运动员就可以起跑。

4.开始—完成（SF）

只要A活动开始，B活动就同时完成。例如，在考场上，考试结束铃声一响，考试就结束了，学生就不能再答题了。

（三）四个重要概念

在进行项目计划编制时，还涉及四个重要概念。

1. 最早开始时间

最早开始时间是指为了使整个项目在要求的工期内完成，某项活动开始的最早时间，用ES（early start date）表示。

2. 最早完成时间

最早完成时间是指为了使整个项目在要求的工期内完成，某项活动完成的最早时间，用EF（early finish date）表示。

最早完成时间是活动的最早开始时间与活动工期的总和，即：

$$EF=ES+\text{工期}$$

3. 最迟开始时间

最迟开始时间是指为了使整个项目在要求的工期内完成，某项活动开始的最迟时间，用LS（late start date）表示。

最迟开始时间等于这项活动的最迟完成时间减活动工期，即：

$$LS=LF-工期$$

4. 最迟完成时间

最迟完成时间是指为了使整个项目在要求的工期内完成，某项活动完成的最迟时间，用LF（late finish date）表示。

三、项目网络图

项目网络图可以将项目中的所有活动关系可视化地呈现出来。

这里对紧前关系绘图法做一个简单的介绍。紧前关系绘图法就是用方框表示活动，在方框中注明活动的名称，并用箭线连接活动。箭头所指的方向，就是从前一个活动指向下一个活动。如此，再依据所有活动间的依赖关系和逻辑关系，将它们在一个图中绘制出来，如图5-1所示。

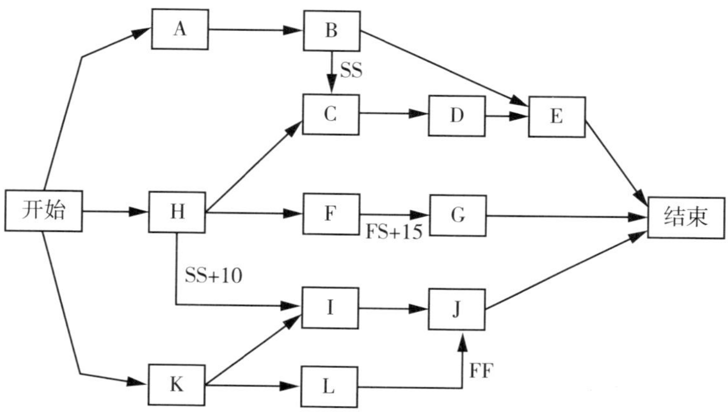

图5-1 紧前关系绘图法

图5-1中，项目开始后，A、H、K三项活动同时开始。

（1）A活动路线。A活动完成，B活动开始。B活动完成后，有B→E和B→C两条支线。B→E这条支线比较简单，不用多说了。在B→C这条支线上，B、C活动间的关系是开始—开始，表示只要B活动一开始，C活动随即开始。之后，C到D和D到E都是完成—开始的关系。

（2）H活动路线。H活动的紧后活动有C、F、I三项，并形成H→C、H→F和H→I三条支线。其中，H→C、H→F都是完成—开始的关系。H→I是SS+10，表示H活动开始10天后（H活动尚未结束），I活动就开始。F→G是FS+15，表示在F活动完成15天后，G活动才能开始。例如，在装修过程中，当墙面刷了第一遍涂料后，需要一段时间，待涂料干透了，再刷第二遍。

（3）K活动线路。K活动完成后，I、L两项活动开始。有K→I和K→L两条支线。其中，L到J为完成—完成关系，代表L活动一完成，J活动也就完成了。

E、G、J是项目结束前的最后三项活动。当E、G、J都完成了，这个项目就结束了。项目的结束以最后一项活动的完成为标准。

练习

◆ 用紧前关系绘图法画出表5–1所给出的项目各项活动的关系。

表5–1　项目各项活动的关系

活动	紧前活动
A	—
B	A
C	A
D	C
E	B、C
F	B、C
G	D、E
H	E、F

参考答案

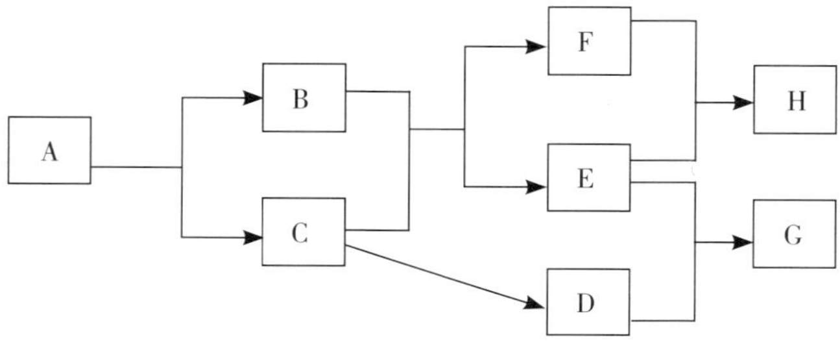

将项目中各项活动的关系绘制出来后，如果再给各项活动加上完成它所需的时间，那么就能形成一个简易的项目网络图，如图5-2所示。

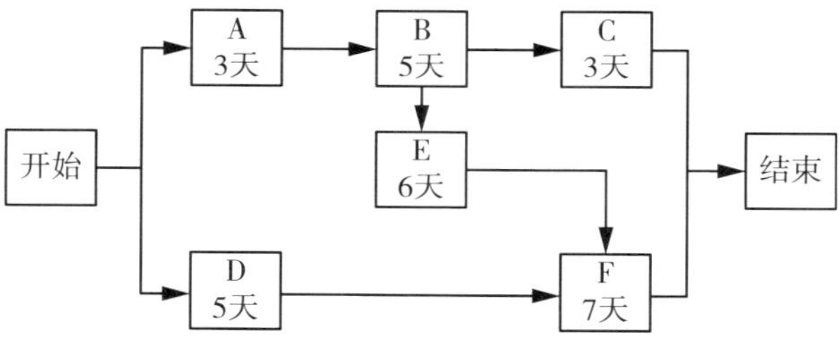

图5–2　项目网络图

项目网络图不仅能够可视化地呈现出项目中各项活动间的关系和各项活动的历时，而且能够呈现出整个项目的总历时。

值得注意的是，项目的总历时并不是项目中各个活动历时的简单相加，而是处于项目关键路径上的所有活动历时的总和。关键路径是指项目网络图中耗时最长的那条线，其他的线路则被称为非关键路径。

图5–2中，有三条路线。第一条是ABC，第二条是ABEF，第三条是DF。其中，第一条路线ABC三项活动的总历时是11天，第二条

路线ABEF四项活动的总历时是21天，第三条路线DF两项活动的总历时是12天。由于第二条路线的总历时时间最长（21天），它就是关键路径。第一、三条路线则是非关键路径。关键路径上所有活动的总历时决定了完成项目所需的总耗时。关键路径上的总历时是多少天，项目完成就需要多少天。因此，一旦处于关键路径上的任何活动有所延误，那意味着，项目的进度将被影响。

非关键路径与关键路径在总历时上存在差异。图5-2中，第一条路线（ABC）比第二条路线（ABEF）总历时少10天；第三条路线（DF）比第二条路线总历时少9天。这样，处于非关键路径上的活动即使在一定程度上耽误了进度，也不会造成项目延期。

管理启示

- 关键路径上所有活动的总历时决定了完成项目所需的总耗时。

四、正推法与逆推法

在确定了项目的总历时后，可以用两种方法来计划项目的进度。

（一）正推法

正推法就是依照项目的进程，从前往后来推演项目和项目各项活动的进度安排。也就是说，如果最早在某一时间开始项目的话，那么最早在什么时间可以结束该项目。这种方法适用于计划尽早开工的项目。

例如，某个项目的历时是25天。如果最早在9月1日开始实施这个项目，那么最早在什么时间可以结束这个项目？

根据公式：EF=ES+工期。这个项目的最早结束时间是9月25日。

注意：9月1日这一天的时间也应该计入25天的项目历时中。

（二）逆推法

逆推法就是依照项目的进程，从后往前推演项目和项目各项活动的进度安排。也就是说，如果最迟必须在某一截止日期完成项目的话，那么最迟在什么时间必须开始该项目。这种方法适用于有严格截止日期的项目。

例如，某个项目的历时是25天。如果最迟必须在9月30日完成这个项目，那么最迟在什么时间必须开始这个项目？

根据公式：LS=LF−工期。这个项目的最迟开始时间是9月6日。

注意：9月5日这一天的时间不应计入逆推25天的项目历时中。

五、浮动时间

浮动时间就是有超出所需进度要求的富余时间，分为总浮动时间和自由浮动时间。

（一）总浮动时间

总浮动时间（float）是针对整个项目而言的，是指在不延误项目完成日期或违反进度制约因素的前提下，某个项目可以推迟的总时间（从其最早开始日期起算）。

总浮动时间 =LS−ES　或　总浮动时间 =LF−EF

我们来用一个例子进行说明。

某绿化景观项目需要历时25天。项目最早可以在9月1日开工，最晚必须保证在9月30日结束。那么，项目的最早完成时间和最晚开始时间是哪一天？这个项目的总浮动时间是多少？

正推法：如果最早开工时间为9月1日（ES），那么最早完成时间为9月25日（EF）。

逆推法：如果最晚完成时间为9月30日（LF），那么最晚开工时间为9月6日（LS）。

根据公式可求得总浮动时间。

总浮动时间 = 6－1 = 5（天）

或

总浮动时间 =30－25=5（天）

因此，项目的总浮动时间为5天。

（二）自由浮动时间

自由浮动时间（free float）是针对项目中的单个活动而言的，是指可以在不推迟任何后续活动的最早开始时间的情况下本活动可以推迟的时间。

自由浮动时间 =后续活动的最早开始时间－本活动的最早完成时间

例如，某个项目中的A活动，如果它的后续B活动最早在9月10日开始，而A活动的最早完成时间是9月8日，那么A活动的自由浮动时间为几天？

A活动的自由浮动时间 = 10－8 =2（天）

也就是说，即使这项活动延迟2天再开始，也不会对后续B活动的进度产生影响。

六、平衡资源、优化进度

我们可以利用针对项目的关键路径、非关键路径和浮动时间等要素的综合管理来达到平衡资源和优化进度的目的。

需要强调的是，只有处于非关键路径上的活动才可能有浮动时间。同时，并不是每一项处于非关键路径上的项目活动都一定有自由浮动时间。处于关键路径上的所有活动没有浮动时间。

在对项目进度进行管理时，需要注意以下两个原则。

（一）向关键路径要时间

关键路径上的活动一旦被耽误，就会耽误整个项目的进度，所以必须保证关键路径上所有活动的进度。

（二）向非关键路径要资源

非关键路径的很多活动都有浮动时间。在浮动时间的范围内，不论何时完成项目活动，都不会对项目进度产生影响。基于这种特性，我们就可以把处于非关键路径上且有浮动时间的活动作为资源调配的对象。在浮动时间许可的范围内和不影响非关键路径进度的情况下，将相关的资源调配到关键路径上的活动中去，从而达到平衡资源和优化进度的目的。

管理启示

- 通过关键路径、非关键路径与浮动时间等要素来平衡资源和优化进度。
- 向关键路径要时间，保证处于关键路径上所有活动的进度。
- 向非关键路径要资源，将非关键路径上的资源调配到关键路径上去。

七、两种进度管理工具

（一）甘特图

甘特图（Gantt chart）又称横道图，是由亨利·甘特于1910年开发的。甘特图通过条状图来显示活动（项目）、进度、活动间的关系，以及随着时间的变化工作任务的完成情况。甘特图的横向表示时间，纵向表示活动（项目），线条表示每项活动的历时。

以一个大会的组织筹备工作为例对甘特图进行简要的说明，如表5-2所示。横向代表时间，是组织筹备一次大会所需的全部历时。时间单位采用的是日期，并以星期为阶段来划分时间。纵向代表筹备一次大会所需要完成的主要活动，并从上至下按照先后顺利排列。用黑色的直线在图上标注出每项活动从什么时候开始，到什么时候结束。这样就可以直观地体现出组织筹备一次大会所需完成的各项活动，以及完成每项活动的进度安排了。

在时间上，是采用日期、星期、月份、季度还是年度作为计时单位，主要的依据是该项目历时的长短以及管理的要求。如果一个项目历时比较短，如2～3周的时间，那么以星期或月份为单位来计划进度就无法起到有效管理的作用，因此有必要细致到日期。如果一个项目历时比较长，如几个月、半年，甚至更长，那么以日期为单位来计划进度就会在管理上变得烦琐低效，因此以星期、月份为单位比较合适。

甘特图不仅可以直观地呈现出活动和进度安排，而且可以帮助我们控制进度。当我们在项目的某一个节点来评估当前进度状态时，甘特图可以直观地呈现出该任务计划在多长时间内完成、什么时间开始、什么时间结束，以及实际进度与计划进度的对比。管理者由此可以非常便利地掌握和评估整体项目的进展情况，以及每项活动的当前进度状态（提前、滞后、正常进行），并有的放矢地采取管理措施。

甘特图简单明了，可以作为向高层干系人汇报项目工作的一种工具。我们还可以根据需要，在甘特图上增加更多的管理要素，扩展和细化其管理功能。表5-3为功能扩展的甘特图示例，增加了“开始时间”、“结束时间”和“负责人”等管理要素，这样可以对相关的项目工作进行更加细致地管理。

表5-2　某大会组织筹备工作甘特图

活动	时间（日期）								
	6月 4～8日	6月 11～15日	6月 18～22日	6月 25～29日	7月 2～6日	7月 9～13日	7月 16～20日	7月 23～27日	7月 30日～8月3日
立项启动	——								
文案策划	——	——	——						
会场选定			——	——	——				
网站新闻发布与更新				——	——	——	——	——	——
演讲嘉宾邀请				——	——	——	——	——	
参会人员邀请				——	——	——	——	——	——
赞助商开发				——	——	——	——	——	
物料准备						——	——	——	——
媒体邀请							——	——	——
资料印刷								——	——
食宿安排								——	——
会场布置									——

表5-3 功能扩展的甘特图示例

活动	开始时间	结束时间	2018年									负责人
			6月				7月					
			4～8日	11～15日	18～22日	25～29日	2～6日	9～13日	16～20日	23～27日	30～31日	
立项启动	6月4日	6月6日										张三
文案策划	6月7日	6月22日										李四
会场选定	6月18日	7月6日										王五
演讲嘉宾邀请	6月25日	7月27日										赵六
资料印刷	7月23日	7月31日										孙七
会场布置	7月30日	7月31日										陈八
……												

（二）里程碑图

里程碑（milestone）是项目中的重大事件，是一个时间点，通常指一个可交付成果的完成。里程碑主要是针对事件、项目活动、检查点、决策点和可交付成果等对项目有较大影响的工作节点而言。

通过建立里程碑和检验各个里程碑的到达情况，能够控制项目工作在关键节点上的进展，从而保证项目目标的实现。

里程碑图是通过图示将这些重要的工作节点可视化地呈现出来。表5-4为某大会组织筹备工作里程碑图示例。"里程碑事件"中描述的是大会组织筹备的各项主要活动所带来的阶段性成果。"日期"中显示的是每个重要成果计划达成的最终期限，由此可用于对项目重要活动的进展进行监控和管理。由于里程碑图关注的是项目中的重要阶段性成果和关键节点，所以也适合用于向高层汇报项目工作。

表5-4　某大会组织筹备工作里程碑图

里程碑事件	日期							
	6月6日	6月22日	6月25日	7月6日	7月20日	7月25日	7月31日	8月3日
启动会	◆							
文案定稿		◆						
场地签约				◆				
演讲嘉宾名单确认						◆		
网上新闻发布			◆					
参会人员名单确认							◆	

（续表）

里程碑事件	日期							
	6月6日	6月22日	6月25日	7月6日	7月20日	7月25日	7月31日	8月3日
赞助商签约					◆			
媒体参会名单							◆	
会刊交付								◆
房间预订确认								◆
背景板安装								◆

第三节 其他计划怎么编制

一个项目所需的资源既有人力资源，也有物力资源。提前对项目中的资源进行计划，能够让我们对项目中的资源需求和使用情况做到心中有数，从而保证项目顺利执行。

一、人力资源计划——什么人做什么事

人力资源计划主要考虑的是依据项目开展的要求，提前安排好所需的人员，从而保障在项目实施中有足够合适的人可用。

对此，我们可以设计一个项目所需人力资源的表单来进行管理。表5-5为项目人力资源计划表的示例。

表5-5　项目人力资源计划表示例

年度		2017				2018				对人员的要求
季度		1	2	3	4	1	2	3	4	
岗位分析	销售工程师									
	产品工程师									
	工艺工程师									
岗位分析	质量工程师									
	测试工程师									
	应用工程师									
	装配线操作工									
	司机									
	共需人数									
	现有人数									
	缺口人数									
缺口人数获取办法										
备注										

表5-5中，首先，用“年度”和“季度”把项目时间划分为不同的阶段；然后，将项目所需的所有人力资源岗位识别出来，同时确定相应人员的能力要求；最后，根据项目的实际需求，确定每种岗位在每个时间阶段所需的人数。此外，还可以统计出每个时间阶段所需的人力资源总数、现有人数、缺口人数、缺口人数获取办法、备注等信息。

我们还可以编制项目中的人员分工计划，并用一个责任分配矩阵表呈现出来。表5-6是以一个软件二次开发项目的部分工作内容为例的项目责任分配矩阵表。

表5-6　项目责任分配矩阵表

<table>
<tr><th colspan="2">WBS工作任务</th><th>项目经理</th><th>系统设计师</th><th>程序员</th></tr>
<tr><td colspan="2">确定要求</td><td>A</td><td>R</td><td>I</td></tr>
<tr><td colspan="2">系统设计</td><td>A</td><td>R</td><td>I</td></tr>
<tr><td rowspan="3">开发</td><td>修改外购软件包</td><td>I</td><td>A</td><td>R</td></tr>
<tr><td>修改内部程序</td><td>I</td><td>A</td><td>R</td></tr>
<tr><td>修改手工操作流程</td><td>I</td><td>A</td><td>R</td></tr>
<tr><td rowspan="3">测试</td><td>测试外购软件包</td><td>A</td><td>I</td><td>R</td></tr>
<tr><td>测试内部程序</td><td>A</td><td>I</td><td>R</td></tr>
<tr><td>测试手工操作流程</td><td>A</td><td>I</td><td>R</td></tr>
<tr><td rowspan="2">安装完成</td><td>完成安装新软件包</td><td>I</td><td>R</td><td></td></tr>
<tr><td>培训人员</td><td>I</td><td>R</td><td></td></tr>
</table>

注：R表示直接负责，I表示参与，A表示审批。

表5-6中的主要内容项有各项目工作和与相应工作相关的三个重要干系人（项目经理、系统设计师和程序员）。

在“WBS工作任务”项中，运用WBS对项目进行分解，得到了“确定要求”、“系统设计”、“开发”、“测试”和“安装完成”五项任务。其中，“开发”又分解为“修改外购软件包”、“修改内部程序”和“修改手工操作流程”三项工作；“测试”又分解为“测试外购软件包”、“测试内部程序”和“测试手工操作流程”三项工作；“安装完成”又分解为“完成安装新软件包”和“培训人员”两项工作。

这样，我们就得到了要完成这个项目需要做的主要活动。同时，我们需要确定每个活动中不同干系人所担任的角色，即谁负责、谁参与、谁审批。我们用R代表“直接负责”、I代表“参与”、A代表“审批”，再将这些角色根据每个活动的实际情况分配给不同的人。例如，“系统设计”这项任务，“项目经理”负责审批，“系统设计师”是直接负责人，“程序员”是参与者；而“修改内部程序”这项任务，“程序员”是直接负责人，“系统设计师”负责审批，“项目经理”是参与者。

通过这种方式对项目人员的分工进行可视化的呈现，既清晰明了，又易于管理。

2006年9月，我负责策划和组织一个高端管理论坛。此次论坛大约有500人参加，会议的演讲嘉宾除了国内的专家和企业家外，还有来自美国、韩国等国的嘉宾。此次论坛还伴随展览等附加环节。从开始筹备到大会举行只有不到2个月的时间。

当时，我使用了一张功能扩展的项目责任分配矩阵表来实施管理，如表5-7所示。其中，除了项目的主要工作内容和相关干系人两个基本要素外，还增加了其他的管理内容。例如，活动的“起始时间”和“结束时间”用以监控各项活动的进度；“备注”用以说明未尽之事。此外，还可以用不同颜色来表明各项活动的状态。例如，红色为急待解决或需高度关注的任务；蓝色为需要推进和引起关注的任务；黑色为已完成、尚待完成或正常进度中的任务。

我在组织论坛的过程中，需要对责任矩阵表进行实时更新，并在更新后的第一时间，通过邮件发送给相关的项目干系人员，以便他们都能及时了解相关情况，即整个项目的进展状态，面临哪些问题，自己所负责或参与的项目活动的进展，其他项目活动的进展，以及自己所负责或参与的活动对整个项目产生的影响，等等。

这张表单看上去并不复杂，但对于我圆满完成该管理论坛的组织工作起到了非常大的帮助作用。

表5-7 论坛组织工作责任分配矩阵表

编号	工作	内容		起始时间	结束时间	负责人	参与人员	报告对象	情况通报	备注
1	论坛文案编写	论坛文案的滚动更新、调整与下发								
2	合作协议编写	联合主办、协办、媒体合作及代理协议标准版编写与修改								
3	嘉宾邀请	邀请演讲嘉宾、对话嘉宾、主持嘉宾								
		对话嘉宾辅导								
4	嘉宾邀请函	文字编写与修改								
		邀请函联合签名索取								
		邀请函设计与制作联系								
5	合作单位联系	联合主办单位								
		协办单位								
		媒体合作								

（续表）

编号	工作	内容	起始时间	结束时间	负责人	参与人员	报告对象	情况通报	备注
6	设计与宣传	广告稿件设计与刊登，包括广告内容设计、外宾照片获取、设计公司联系等							
		论坛签到券、logo（标志）、折页、背景板、易拉宝、资料袋、参会证、餐券设计							
		内宾照片与简历汇总							
		论坛合作单位logo索取							
		会刊设计与制作							
		制作用于发送电子邮件的论坛文案页面							
		论坛英文网页制作							
		论坛新闻稿编写							
		德鲁克论坛专栏官网发布							
		媒体接洽与管理							
7	门票销售	论坛销售计划制订与销售工作分解							
		销售活动开展							
		销售过程监控							

（续表）

编号	工作	内容	起始时间	结束时间	负责人	参与人员	报告对象	情况通报	备注
8	论坛免费客户邀请	确定论坛免费客户邀请原则与人数比例							
		编制免费客户邀请计划与名单审核							
		商学院院长邀请跟进							
9	会议资料印刷	演讲嘉宾PPT（演示文稿）讲义收集							
		资料印刷							
		图书《卓有成效管理者的实践》订购							
10	会场安排	参会通知下发							
		酒店协调，包括会议房间预订与安排，会议用餐安排							
		国宾酒店房间的房间确定，备用低价宾馆的确定，参会人员住宿登记卡编制下发							
		指示标志安排，座位布置、背景板、易拉宝安装，绿植、鲜花安排							

（续表）

编号	工作	内容		起始时间	结束时间	负责人	参与人员	报告对象	情况通报	备注
		参展易拉宝及资料索取								
		同传工作室搭建，外包联系与搭建监控，同传设备租赁								
		展位设置与布展，德鲁克著作的展示安排								
		德鲁克照片播放演示PPT制作								
		演讲发言稿播放文件制作								
		后勤工作	外国专家的讲义资料外包翻译							
			论坛同传及交传翻译联系							
			大会速记人员联系							
			设备准备（授课设备、音响灯光）、现场技术支持、论坛摄像							
			嘉宾台签制作、相关资料打印、会刊资料运输等							

（续表）

编号	工作	内容		起始时间	结束时间	负责人	参与人员	报告对象	情况通报	备注
11	论坛秘书处	对外联系工作的官方接口，论坛参会人员报名统计与实时更新								
12	嘉宾接待	外宾	嘉宾接待计划制订							
			嘉宾接待							
			嘉宾食宿交通安排							
		内宾	嘉宾食宿安排							
			各嘉宾联系方式汇总							
			会前与各嘉宾确认联系电话，并提醒其准时出席							
			会议现场嘉宾接待							
	参会人员接待	接待参会者报到、分发会议资料、现场款项收取、会议发票开具、咨询台安排、服务热线安排、引领、参会人员代表证检查、会场维护、餐券检查								

（续表）

<table>
<tr><th>编号</th><th>工作</th><th colspan="2">内容</th><th>起始时间</th><th>结束时间</th><th>负责人</th><th>参与人员</th><th>报告对象</th><th>情况通报</th><th>备注</th></tr>
<tr><td rowspan="8">12</td><td rowspan="3">参会人员接待</td><td colspan="2">签到簿编制</td><td></td><td></td><td></td><td></td><td></td><td></td><td></td></tr>
<tr><td colspan="2">会议接待流程设计与分工安排</td><td></td><td></td><td></td><td></td><td></td><td></td><td></td></tr>
<tr><td colspan="2">会议接待排练</td><td></td><td></td><td></td><td></td><td></td><td></td><td></td></tr>
<tr><td rowspan="5">合作单位接待</td><td colspan="2">联合主办单位接待</td><td></td><td></td><td></td><td></td><td></td><td></td><td></td></tr>
<tr><td colspan="2">协办单位接待</td><td></td><td></td><td></td><td></td><td></td><td></td><td></td></tr>
<tr><td colspan="2">支持单位、代理单位接待</td><td></td><td></td><td></td><td></td><td></td><td></td><td></td></tr>
<tr><td rowspan="2">媒体接待</td><td>确定邀请名单与车马费预算</td><td></td><td></td><td></td><td></td><td></td><td></td><td></td></tr>
<tr><td>媒体现场接待</td><td></td><td></td><td></td><td></td><td></td><td></td><td></td></tr>
<tr><td>13</td><td>会场统筹总控</td><td colspan="2">对会场统筹总控，特别是突发事件处理，保证会议顺利进行</td><td></td><td></td><td></td><td></td><td></td><td></td><td></td></tr>
<tr><td rowspan="2">14</td><td rowspan="2">合作晚餐会</td><td colspan="2">参加渠道与合作单位安排及人数统计</td><td></td><td></td><td></td><td></td><td></td><td></td><td></td></tr>
<tr><td colspan="2">晚餐预订</td><td></td><td></td><td></td><td></td><td></td><td></td><td></td></tr>
</table>

二、资源需求计划——用什么来做事

除了人力资源外，设备、材料等物力资源也是保证项目实现的必要条件。资源需求计划既包含人力资源需求，也包含物力资源需求。

在编制资源需求计划前，我们应考虑完成项目需要哪些资源。对于项目所需的资源进行分析的依据是通过WBS分解出来的项目最底层的工作包，因为工作包最便于对所需的资源进行判断。

我们仍然可以用图表的方式来实现简单的管理，表5-8为项目资源需求依据表。其中，第一列为WBS所分解出的各个工作包，然后根据每个工作包的工作判断出完成该项工作所需的各种资源。这样，项目中每个工作包所需的资源就跃然纸上。同时，将各个工作包的同类资源相加，就得到了完成整个项目所需的该类资源总量。这就是项目所需资源的依据。

表5-8　项目资源需求依据表

WBS 工作任务	资源需求（量）0				备注
	资源1（人力）	资源2（设备）	资源3（材料）	……	
工作包1					
工作包2					
工作包3					
……					
工作包*n*					

我们还可以从另一个角度来统计，即每种资源在项目不同阶段所需要的数量，如表5-9所示。其中，第一列为项目所需的资源种类，第二列为每种资源的总量，最后是每个项目阶段所需的各种资源的数量。每个项目阶段所需的资源数量可以根据该阶段所需完成的工作包对资源的要求进行判断。

表5-9 项目资源需求分类统计表

资源种类	资源需求总量	项目进度（时间）					
资源1							
资源2							
资源3							
……							
资源n							

三、基于WBS的预算思路

如果我们利用WBS将项目分解为工作包，那么每个工作包的成本就比较容易估算出来。将每个工作包估算出来的成本从下至上逐层汇总起来，就是项目的总成本预算。这是从下至上编制项目预算的思路。

在我们的工作实践中，也存在不少从上至下的预算编制思路。也就是说，我们先有一个总的预算范围，然后再逐步从上至下去分解和分配这个预算。

这两种预算的思路可以相互补充，从而帮助我们更全面地对成本预算进行管理。

我们用举办一次生日聚会为例来说明如何基于WBS从下至上进行预算的编制，如图5-3所示。将“生日聚会”分解为“晚宴”和“娱乐”两大部分。“晚宴”又分解为“蛋糕”、“饮料”、“酒水”和“菜”四项，“娱乐”又分解为“零食”、“卡拉OK包间”和“出租车”三项。其中，“菜”又进一步分解为“凉菜”和“热菜”两项。而“热菜”又可分解为“肉类”、“蔬菜类”和“海鲜类”三项。

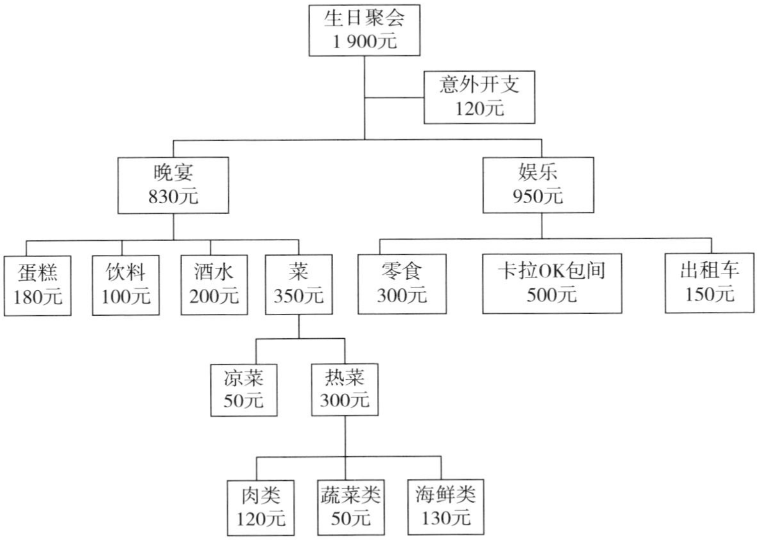

图5-3　生日聚会预算分解

这样，要举办一次生日聚会所有需要花钱的活动都被识别了出来。然后再从最底层开始，给每项活动的消费估算一个金额。由于所有不再分解的活动都是工作包的层级，所以对于每个工作包成本的估算应该是相对容易和准确的。如此一层一层倒推上去，就能够得到“晚宴”需要消费830元，“娱乐”需要消费950元。此外，项目中都存在不确定性。为了应对不确定性的发生，再加“意外开支”120元。这样，举办一次生日聚会的总成本就出来了，即1 900元。这就是基于WBS的从下至上的项目成本预算的思路。

我们再来看一个将项目管理的分解思想运用于实际生活中的案例。表5-10是一个婚礼筹备项目管理表。通过此表，可以简单地将一个婚礼筹备项目的人员分工、进度及成本等要素集合起来进行统一管理。

表5-10 婚礼筹备项目管理表

主项	子项	内容	负责人	完成期限	预算	是否完成	实际支出	备注
婚礼时间确定	无	确定婚礼时间，并通告双方家长						
婚纱摄影	选择影楼	比较和确定婚纱影楼						
	婚纱摄影	传统且特色						
礼服及婚戒选购	礼服	购买男女双方婚礼礼服						
	化妆品	购买化妆品						
	婚戒	选购婚戒（手表）						
酒楼预订	选择酒楼	初定满堂红						
	订桌	预定婚宴时间，统计邀请人数，预订桌数、菜单						
		购买酒水、香烟、瓜子、花生、糖果						
	其他	就婚宴程序、场地安排等与酒楼确定						
请柬、喜糖准备	请柬与喜糖选购	选购请柬、喜糖、糖袋						
	喜糖分装	喜糖分装入袋						
	请柬分发	书写请柬、分发请柬，邀请婚宴参加人						
婚床选购	婚床选购	选购婚床						
	床垫选购	选购床垫						
新房装饰	选购婚礼装饰品	选购喜字、拉花、气球、彩带、鞭炮、留言簿、胸花等						
	新房装饰	选购安装空调						
		装饰新房，包括婚纱照等						

（续表）

主项	子项	内容	负责人	完成期限	预算	是否完成	实际支出	备注
婚礼现场准备	婚礼现场布置	装饰和布置婚礼现场，包括背景环境布置，气球门、红地毯、香槟塔、技术设备安排与调试等						
	婚礼幻灯片制作	制作婚礼现场所用幻灯片，挑选音乐						
	现场技术支持	负责现场播放幻灯片及音像设备等技术支持工作						
花车安排	花车预订与安排	租赁花车或通过朋友帮忙安排花车						
	花车布置	布置花车						
	接送安排	安排花车接送时间、行驶路线等						
婚礼仪式	婚庆仪式策划	自行策划，力求有新意、有意义、有创意						
	伴娘、伴郎确定	邀请伴郎、伴娘						
婚礼仪式	婚礼新娘妆	给新娘化妆						
	婚礼总协调	负责婚礼仪式全部过程顺利进行						
	婚礼主持确定	选择和邀请婚礼主持	女					
	婚礼现场协调	负责各项环节协调安排						
	来宾签到	来宾签到留言，礼金收取						

（续表）

主项	子项	内容	负责人	完成期限	预算	是否完成	实际支出	备注
婚礼摄影摄像	摄影摄像确定	挑选并邀请摄影摄像人员						
	现场跟拍	全程跟踪拍摄						
	设备准备	租借摄像机，购买磁带						
总计								

透露一个小秘密。这不是某婚庆公司的项目管理模板，而是我在十几年前筹备自己婚礼时所编制的项目管理表。这张表对婚礼的管理效果很不错，充分满足了“多、快、好、省”的项目目标。

管理启示

- 计划是我们做事情的蓝图，引领我们正确地去做事。
- 计划是管理的基准，没有计划，就无法对过程施加控制。
- 分解是项目管理中非常重要的思想。项目管理中很多工作，不论是编制进度计划、人力资源计划、资源需求计划，还是成本预算计划，都是基于分解的思想和WBS的应用的。
- 领会分解的思想，掌握WBS的运用，有助于发挥管理的更大效能。

小结

计划是我们做事情的蓝图。做事情不考虑怎么做，就不可能有序地开展工作。在进行项目计划时，需要通过对WBS分解的所有项目活动进行排序，并依照它们相互间的关系计划项目的进度。此外，项目的成本预算、人员分工安排、资源管理等都是基于WBS的分解，我们可以比较准确地估算出每个工作包的活动历时、成本、人员、资源等各方面的需求。

第六章

有效沟通——项目制胜的法宝

几乎任何一个项目的成功都离不开组织中其他人的支持和配合。要获得其他人的支持和配合，沟通尤为重要。一个组织好比一台机器，沟通就是润滑剂，沟通可以使整台机器良好地运转起来。

对于一名合格的管理者来说，沟通是推动其管理工作有效进行的根本保障，沟通所占比重应该远胜于工作本身。

第一节 项目沟通的"正确"姿态

一、有效的管理必须基于沟通

项目管理是按照"启动→计划→执行⇄监控→收尾"这样一个过程来实施管理的。但是，这一过程的实现并不是自然发生的，在很大程度上，它必须基于项目管理者的有效沟通才能得以开展。

美国项目管理协会建议，项目经理要花75%以上的时间在沟通上。由此可见，沟通应该被视为项目经理最重要的一项工作。但是，不少项目经理都忽视了沟通，把注意力放在了具体事务的操作上，从而导致项目执行过程中问题重重。原因很简单，一个项目的完成不能只依靠项目经理一个人的努力，它需要项目中不同干系人的协作来达成，而沟通是协作的基础。同样的道理也存在于通用管理领域。孔子在《易经·系辞》中说："乱之所生也，则言语以为阶。"这句话的意思是，说话沟通不得当，就会造成祸害。

作为一名经理人，如果仅仅将精力聚焦于管理工作的内容，而不能将管理的信息有效地传递到组织的各个部门和外部协作者，就很难获得他人的积极响应和配合，管理也就无法达到成效。

管理启示

- 项目经理要做好项目管理的工作，需要拿出75%以上的时间来进行沟通。管理者必须重视沟通，并将其视为一种重要的管理手段。

二、项目沟通的目的

项目中的有效沟通主要体现在两个方面。一方面，如何让项目信息在项目实施过程中顺畅流通？另一方面，如何与项目中不同的干系人群体进行良好的人际交流？那么，我们究竟要通过沟通达到什么目的呢？

我认为，项目中的沟通目的就是，将“正确”的信息在“正确”的时间以“正确”的方式传递给“正确”的人。

所谓“正确”的信息就是指符合干系人期望的信息。信息只有符合干系人的期望，并且能被传递给对方，对方才会有意愿去了解；否则，就算信息被传递给了对方，如果信息无法引起对方的兴趣，对方也不会关注，沟通也就失败了。如果信息发送出去，信息接收者不去接收或不理解信息的内容，那么责任主要在于信息发出方。为了使信息接收者能够不抗拒接收信息，我们必须从接收者愿意接收的角度去描述信息。因此，针对同一件事向不同的接收者发送信息，需要从不同的角度去表述这个信息。

假如你是一个销售培训项目的负责人。在项目实施过程中，你需要将项目信息传递给相关的干系人。在给老板汇报这个项目时，你可能要结合这个培训项目对于实现公司所提出的“三年内，将我们产品的市场占有率提高到5%”这个战略目标的意义来谈，才可能得到老板的支持。但是，当你在向学员描述这个培训项目时，就需要换一个角度才有效。如果你仍然是说：“大家都来参加这个培训吧！这个培训太重要了，因为它有助于推动我们公司实现‘三年内，将我们产品的市场占有率提高到5%’这个战略目标。”学员们听完后可能会想：“你将产品的市场占有率提高到5%怎么了，就是提高到15%与我有什么关系呢？我该拿多少钱还是多少钱呀！”所以，在面对学员时，你就有必要换一种说法来描述这个培训项目：“这个培训很实用，可以帮助我们解决目前销售中面临的各种问题，比如怎样去开发客户，怎样去表述产品的卖点，怎样去回应客户常见的疑问，怎样去促单，等等，非常有助于提升大家的销售技能，可以大幅度提高销售成单率，最终提升销售业绩，大家也可以多拿提成。”这样一来，学员就可能会对参加这个培训活动产生很大的兴趣。

此外，“正确”的信息还意味着，我们向沟通对象所传递的信息被其正确地理解了。不要单纯地认为，只要把正确的信息传递给对方，对方就能够正确地理解；否则，就会出现类似下面这个笑话的情况。

语文课上，老师布置了一篇作文，题目是“假如我是蜘蛛侠”。

但是，小明在课堂上睡着了，不知道作业是什么。

课后，小明问了同学小华，小华也告诉了他。

晚上，小明在家里绞尽脑汁好不容易才写出了一篇《假如我是只猪》。

因此，在将信息传递出去后，还应该与对方进行确认，确定他对所接收信息的理解是无误的。

所谓“正确”的时间是指信息的传递不但要及时，而且传递的频度要适合。在向干系人传递信息时，必须做到及时。信息传递不及时会导致信息失效，失效的信息对于管理是没有价值的。同时，与不同干系人沟通时，沟通的频度也是不一样的。比如，向领导汇报工作可能是两周一次，与其他部门交流项目信息，可能是一周多次；而项目团队内的信息交流可能需要做到两三天一次，甚至是一天一次。如果沟通的频度错了，就会造成信息传递不及时，或者干系人被无用、繁杂的信息所干扰。

所谓“正确”的方式是指按照符合信息接收者习惯的方式进行沟通。比如，我们向某个领导汇报工作，该领导习惯于阅读纸质报告。在这种情况下，如果不是很重要的事情，我们就不要再去口头汇报了。因为即使口头汇报了，领导即使听明白了，但最后还是会跟你说：“根据刚才汇报的情况，你再给提交给我一份纸质报告。”如此，大家都白白耽误了时间和精力。所以，如果对方习惯口头交流，我们就采取口头交流的方式；如果对方习惯读书面材料，我们就准备书面的材料；如果对方愿意非正式沟通，我们可以找个咖啡馆之类的地方聊天，等等。只有这样，才可以更好地达到沟通的目的。

所谓“正确”的人是指正确的对象，正确的信息接收人。如果找错了沟通对象，就算是把信息传递过去，也起不到作用。假如最近某品牌啤酒大幅度提价。你作为消费者，很不满意。于是，你找到一家便利店的店员来讲道理，并投诉。事实上，店员对这件事毫无办法，也毫无影响力，因为你的投诉对象找错了。正确的做法是该品牌啤酒的厂家客户部门，向他们提意见才有效。将信息传递给“错误”的人，就是我们常常说的“鸡同鸭讲”。

管理启示

- 在沟通过程中，我们应该注意的是，将“正确”的信息在“正确”的时间以“正确”的方式传递给“正确”的人。

三、项目沟通管理计划表

为了保障信息在项目实施过程中得到顺畅交流，我们可以借助一个项目沟通管理计划表来进行管理，如表6-1所示。

- 项目干系人：填写识别出来的主要干系人姓名，可以根据干系人的实际数量来添加表格。
- 沟通需求：填写相关干系人所需要的信息、需要这些信息的时间，以及通过什么方式来传递信息（如邮件、纸质报告、口头汇报、项目会议等）。
- 信息搜集：包括“搜集方式”和“收集人”两个子项。“搜集方式”主要是解决相关的项目信息从哪里搜集来的问题，如项目进度报告、项目会议、财务数据等。“收集人”就是被指定负责搜集相关信息的人员。
- 信息归档：包括“归档格式”和“负责人”两个子项。“归档格式”规定了相关信息留存的统一格式，如项目进度报告应该是采用什么样的格式、项目费用申请应该采用什么样的格式。“负责人”就是谁来负责这一项的工作。
- 信息发布：有“发布方式”和“发布人”两个子项。“发布方式”是指相关的信息是通过什么形式来传递给干系人。比如，项目进度报告是通过什么形式来发布，是项目会议上公布、电子邮件提交给干系人，还是提交纸质报告，等等。“发布人”就是负责发布信息的人。发布人可能因所发布的信息不同而不同。比如，向客户通报重要的项目进展时，可能发布人就是项目经理本人；而向项目团队中传递某个信息，发布人也许就是一个负责该问题的团队成员。
- 备注：主要是针对一些未尽事项的额外说明。

表6-1　项目沟通计划表

项目名称：

项目	沟通需求			信息搜集		信息归档		信息发布		备注
干系人	需要的信息	需要的时间	需要的方式	搜集方式	收集人	归档格式	负责人	发布方式	发布人	
干系人1										
干系人2										
干系人3										

批准人：　　　　项目经理：　　　　制定人：　　　　批发日期：

项目沟通管理计划表和项目干系人沟通管理表都是为了保障项目信息的通畅交流。但是，项目干系人沟通管理表侧重于干系人与项目间的关系，而项目沟通管理计划表则更侧重于干系人与项目信息间的关系。

第二节 与不同对象沟通的要领

在项目实施过程中，除了强调项目信息的有效沟通，还需要关注人际间的良好沟通。一般来说，主要存在以下四种组织内部的沟通行为。

- 向上沟通：与领导或管理职级比自己高的人进行沟通。
- 平级沟通：与管理职级同等的人进行沟通。
- 向下沟通：与下属进行沟通。
- 跨部门沟通：与其他部门的人进行沟通。

我们在与不同的人进行沟通时，应该把握一些基本原则。

一、向上沟通的原则

（一）积极主动

我们要经常主动地和领导沟通，让领导掌握我们的工作情况。这样，领导才能了解我们的努力与付出，才能及时给予我们帮助。如果整天躲着领导，那么我们很难给领导留下一个积极的印象。这样的话，不论是作为一个项目经理，还是部门管理者，或是职场普通员工，都很难为自己的项目或工作争取到更多的资源，而且个人的发展也可能会受到很大的影响。

（二）及时请示、汇报与反馈

很多人在处理领导交办的工作时积极主动，任务也完成得很好，却没有向领导及时汇报与反馈。在这种情况下，很可能产生适得其反的效果。

例如，领导交办给小张一项任务，小张立刻着手去办，并高效地完成了这项任务。之后，小张没有及时向领导反馈结果，就去继续做其他工作了。第二周，领导把小张叫到办公室，问："小张，上周我交办给你的那个事情处理得怎么样了？"小张回答："王总，那件事我都办好了，没问题的，您放心吧。"领导一听立刻来气了："你办完了为什么不向我汇报？"因此，一定要记住，在向上沟通时，请示、汇报和反馈都是不能缺少的。

（三）在领导面前当专家

项目经理的角色定位应该是"在专家面前当领导"和"在领导面前当专家"。

所谓"在专家面前当领导"是指，与项目团队成员和项目中的专业人士相比，项目经理更应该是领导的角色。他需要将这些专业人士的能力整合起来，并带领他们共同实现项目目标。

所谓"在领导面前当专家"是指，就具体的项目操作而言，项目经理与领导相比，应该是专业人士。他需要在领导面前发挥出专家的作用。

工作中，有的领导在给下属布置工作时，很喜欢指导下属怎么去做。在这种情况下，如果领导的决策是错误的，你就应该勇于提出自己的意见，向领导建言："王总，您看……咱们是不是可以这样做……"如果领导说："你别多说了，就按我说的做。"那么，既然我们已经提过意见，领导不听，那就按照领导的指示来做。如果领导的决策错了，并且按照领导的指示做完后取得的结果不好，那么大家不用多说，都知道这样的结果是怎么造成的。

第二次，领导又交办给你一项任务，同时再次指示你该如何做。你觉得这个决策有问题，又向领导建言：“王总，您看……咱们是不是可以这样做……”如果领导又说：“你别多说了，就按我说的做。”那么，我们仍然按照领导的意见来做。如果领导这次的结果又不好，那么大家仍然不用多说，大家都心知肚明。

第三次，领导又有任务交办给你。这一次，领导可能会主动有所调整了。“小张，这个事情的处理上你有什么好的建议吗？”这说明你已经开始在领导心目中树立起专家形象了。有了专家的形象，影响力也会随之加强。

我们再看看反例。如果不论领导如何决策，我们都没有提出自己的专业见解，只是在单纯地执行领导的指示，会有什么结果呢?

如果领导指挥得体，事情的结果都不错，那么最后的功劳都是领导的。为什么？因为这归咎于领导的英明决策。在这种情况下，你不但没有功劳，还很有可能会变得没有价值。因为有了如此英明领导的指挥，任何一个员工能把这件事做好，所以你的职位是随时可以被替代的。

如果领导指挥失误，结果并不太好，那么这个黑锅最终还是由你来背。为什么？因为领导会说：“这是我决策的没错，但你是这方面的专家呀！你为什么没有给我提出专业意见呢？之所以让你担任这个职务，不就是因为觉得你有这个专业能力嘛！”

所以，在“领导面前当专家”对于做好项目经理是很重要的。

（四）高度重视领导的意见

领导一般都是“权力大”的干系人，我们必须高度重视他们的意见，并加以妥善处理，否则“做事不由东，到头一场空”。

（五）了解领导的关注与期望，投其所好

我们要了解领导对项目的要求和期望，不但要向其传递他所关注的信息，而且传递信息的方式也要是他所习惯的。

管理启示

- 及时请示与汇报，积极主动是诀窍。
- 管理者应该在专家面前当领导，在领导面前当专家。

二、平级沟通的原则

（一）主动提供信息

平级沟通最重要的原则是“主动提供信息”。

我们想一下，为什么需要平级沟通？在大多数情况下，平级沟通的主要原因是寻求支持和配合。既然要去寻求别人的支持和配合，那么让别人了解我们的情况就非常重要。只有主动地向别人说明我们所处的环境、付出的努力、遇到的问题、需要的帮助，别人才能更全面地了解我们，并给予相应的支持。

但是，在我们的管理实践中，经常存在反面的案例。有的人在向他人求援时，会对相关信息进行保密，因为在他们看来，掌握信息代表一种权力。事实上，这种做法对于合作是不利的。如果我们在沟通中不能主动向对方提供信息，这可能造成两方面影响：一方面，对方无法全面地了解我们的处境，因此给予我们的配合可能就不到位；另一方面，当我们说话只说一半时，别人可能会有所察觉，或是通过第三方了解到更多的信息，从而对于我们这种不坦诚的态度很有意见。

所以，在进行平级沟通时，开诚布公地主动提供信息是合作的基础。

（二）积极倾听和反馈

在进行平级沟通时，应该通过倾听去认真了解对方的意见和想法，并给予反馈，开诚布公地进行交流，减少误解。

（三）双赢思维，用同理心去沟通

我们和沟通的对象不是非输即赢的关系，不能以损害别人、成就自己的方式来合作。只有通过合作去满足双方的利益诉求，合作才能长久。要了解对方的利益诉求，必须用同理心进行沟通，从对方的角度分析问题。

（四）彼此尊重，从我开始

尊重是良好沟通的开始。要获得尊重，必须先尊重别人。

管理启示

- 找人办事，先敞开心扉，表现出合作的诚意。

三、向下沟通的原则

（一）清晰告知做什么与为什么

很多管理者在给下属布置任务时，经常只说干什么，不说为什么？例如，王总指示："小张，你去把这事处理一下。"小张回答："王总，怎么还要这样做？咱们上次做过一次，不是不行吗？"王总说："让你去做就去做，别问那么多。"

当然，小张即使对王总的决策有意见，也只能照做。但是，小张不是一台只有一双手的机器，他会在心里想："上次那件事不就这样做没有办成吗？为什么还要这样做？我给你随便应付应付得了"。也许，小张并不清楚，王总现在之所以指示他去办这件事，是因为情况变化了，现在可以办成了。但是，由于小张不理解为什么去做，他就不可能尽心去完成工作。其实很简单，如果王总在交办工作时，只要多说一句为什么，让小张明白和理解其中的原因，他就愿意用心去做这件事了。

（二）不吝赞美之言

简单地说，就是对下属多表扬、多鼓励。下属有什么进步，对工作有什么贡献，都可以放大来表扬。例如，王总说："小张，这次这件事能处理好，你的功劳不小呀！"或许小张起到的作用并没有领导说得那么大，但那又有什么关系呢？如果能够让下属体会到自己的价值，他会干劲十足。所以，不要担心下属把自己的功劳抢走，更不要和下属争功劳，大家都看得见，下属自己也明白，谁都抢不走。所以，老子说："夫唯不争，故天下莫能与之争。"

作为管理者，其工作目标的达成都是通过下属来完成的。因此，管理者必须学会通过成就下属来成就自己。

（三）亲和、严谨、公正，以理服人

管理者不能以高高在上的姿态来沟通，态度应该亲和，说话要有理有据，不能以其职权力来压制下属，而应该摆事实讲道理，让下属折服。

（四）及时跟进与监督

给下属交办的任务，需要通过及时跟进和监督确认任务的完成情况。没有跟进与监督，管理就是"空架子"。

我认为，在向下沟通的原则中，我们可以更多关注"清晰告知做什么与为什么"和"不吝赞美之言"。

管理启示

- 管理者在交办下属工作任务时，既要清晰告知做什么，又要告知为什么。
- 管理者必须学会通过成就下属来成就自己。
- 没有跟进与监督，管理就是“空架子”。

四、跨部门沟通的原则

在一个组织中，很多的项目都不是由某一个部门独立完成的，而是通过跨部门的协作共同完成的。例如，一个新产品的开发项目，除了作为项目实施主体的研发部门外，还需要市场部、销售部、生产部、采购部等其他部门的配合才能顺利完成。在这种情况下，跨部门沟通就成为实现跨部门协作的重要桥梁。在进行跨部门沟通的过程中，可以遵循以下原则。

（一）尊重和欣赏

- 放低姿态，真诚待人：找人协作，也就是求人帮忙，应该放下身段，表现真诚。
- 尊重他人的价值和专业能力：既然求人帮忙，那就需要尊重别人的专业能力。
- 欣赏他人的优点，容忍他人的缺点：在合作中，我们需要的是对方的长处，而不是他的短处，所以为了完成工作任务，我们需要容忍对方的缺点。
- 对他人的支持和配合表示肯定：应该对别人给予的帮助表示肯定和感谢。

（二）换位思考

- 设身处地，理解他人：有时别人无法像我们所期待的那样来支持我们的工作，不一定是对方不愿意帮助我们，也可能是对方存在自己的困难，所以需要从别人的角度来考虑问题。

- 雪中送炭：对于别人的求助，应该做到雪中送炭，在别人最急需帮助的时候伸一把手。多做雪中送炭的事情，少做锦上添花的事情。雪中送炭的事情做一次别人就印象深刻，锦上添花的事情做十次别人也未必能感觉到。
- 只有给予，才能索取：想要从别人那里获得支持，就应该也给予别人帮助。平时多在自己的“情感账户”里存“钱”，当需要别人支持时，才有“钱”可以支取。

（三）积极主动

- 主动寻求帮助：当遇到困难且需要别人的帮助时，应该主动地求援，而不是指望着别人来主动帮助我们。
- 积极响应他人的求助：如果遇到别人需要我们帮助时，应该积极地响应对方的求助。积极响应是对对方求助的一种同理心的反馈行为，它并不意味着我们一定能帮助对方解决问题。即使我们没有能力直接解决对方的问题，也不妨碍我们为对方提供有益的信息，推荐解决问题的人员。这会为我们积攒下很好的人情。
- 开放心态，主动分享信息：把我们的信息开诚布公地与对方分享。
- 主动表达谢意：一方面，对于别人给予的帮助要积极地肯定，正面评价；另一方面，要及时地向对方表达谢意，不要等到事情都过去一两个月了，才想起来应该感谢对方，那时再去感谢就没效果了。

（四）建立顺畅的沟通机制

- 指定明确的跨部门联系人。
- 建立定期或不定期的会议沟通机制。
- 建立有效的干系人管理机制。

五、善于沟通是一种能力

作为项目经理，向上沟通时，要早请示，晚汇报；平级沟通时，要积极主动提供信息；向下沟通时，要不吝赞美之言；跨部门沟通时要尊重欣赏，积极主动。作为一个项目经理，必须善于沟通。

美国项目管理协会认证的项目管理专业人士被称为PMP，我于2003年12月获得了PMP。十分巧合的是，“拍马屁”的拼音字头缩写也是PMP。我们这里所说的“拍马屁”就是善于沟通，是一种正向的管理行为，其目的不是为了个人的钻营和利益，而是为了工作目标的顺利实现。在项目中，通畅的沟通有利于与各方面的干系人建立良好的关系，从而为项目争取到更多的支持和资源，促使项目目标的达成。

这正好体现出一个项目管理思想：要当好项目经理，要成为一个合格的项目管理专业人士，必须善于沟通。事实上，我们想要让别人支持和配合我们的工作，多沟通是非常必要的。

沟通得好才能获得更多的支持和资源，但沟通也不容易，不是人人都会沟通，也不是人人都能沟通得好。因此，要充分发挥沟通的效能，为工作赢得广泛的支持和资源，管理者就应该将沟通修炼成一种能力。

管理启示

- 要充分发挥沟通的效能，为工作赢得广泛的支持和资源，管理者就应该将沟通修炼成一种能力。

小结

项目经理是以沟通为手段来推动项目执行的。一个合格的项目经理需要花75%以上的时间用于项目中的沟通工作。

项目中的沟通管理首先强调的是，保证项目信息在项目实施过程中的通畅交流。要让“正确的”信息（符合干系人期望与要求的信息）在“正确的”时间（适合的频度与时间节点）以“正确的”方式（符合干系人沟通习惯的方式）传递给“正确的”人（适合的沟通对象）。

另外，也需要做好项目中的人际沟通工作，掌握处理与上级、平级、下级，以及其他部门的沟通原则和技巧，将沟通修炼成一种能力。

第七章

团队的力量——大家好，才是真的好

在多数情况下，一项工作必须依靠团队的协作才能完成。

管理者不能把自己定位成“单打独斗”的英雄。作为管理者，其工作的首要任务不是一个人去完成目标，而是引领一群人去共同完成目标，特别是在缺乏职务权力的情况下，管理者如何发挥领导作用而非管理的作用让团队追随自己？如何让团队中每个成员发挥出自己的能力？如何让一群平凡的人做出不平凡的贡献？这些都是管理者应该关注的问题。

第一节　团队不仅仅是一伙人

一、团队是那只会下蛋的“鸡”

在管理实践中，大多数的项目都需要依靠一群人共同努力完成。那么，怎样才能让来自不同部门、性格不同、能力不同，甚至诉求也不同的一群人凝聚在一起，通力协作去实现项目目标呢？

这就需要项目经理将这群人打造成一个团队，并且带领他们一起去实现项目目标。对于项目经理来说，团队是非常关键的管理要素，他必须激发团队的力量，而不是依靠“单打独斗”去完成任务。另外，团队的成员应该在项目中获得成长与锻炼，实现个人价值。

不可否认，团队对于项目的成功具有巨大的意义。如果我们把项目目标比作鸡蛋的话，那么项目团队就是那只会下蛋的“鸡”。为了让鸡下蛋，我们更应该关注鸡的喂养。如果为了获得蛋而杀了鸡，那么以后就再也没有蛋了。所以，切忌为了目标的实现而损害团队的利益，那将是得不偿失的。

现代管理学之父彼得·德鲁克告诫我们："员工是企业的唯一资产。"只有人力资源才是任何一个组织在竞争中最终能赢得成功的根本因素。如果我们为了单次项目的"成功"而损害了团队的利益，丧失了团队的信任，那么未来的工作将依靠谁去继续完成？

因此，除了项目范围、时间、成本和质量这四个维度以外，团队也应该被视为衡量项目成功与否的一个不可或缺的要素。我们可以通过以下几方面进行评估：是否"熔炼"了团队，是否凝聚了士气，是否激发了团队成员的热情和主观能动性，是否培养和提升了团队成员的能力。

管理启示

- 如果把工作目标比作鸡蛋的话，那么实现目标的团队就是那只会下蛋的"鸡"。为了让鸡下蛋，更应该关注鸡的喂养。切忌为了目标的实现而损害团队的利益。

二、为什么是团队，而不是个人

既然谈到团队的管理，那么首先让我们来看一下，为什么一项工作的完成更需要一个团队来共同协作，而不是一个人"单打独斗"呢？

有的人可能会说，人多力量大，所以团队肯定比个人的力量大。这个答案只说对了一半，因为团队不仅仅是人多力量大。

团队的英文是TEAM，我们把TEAM的四个字母分开理解，就可以看到：

- T：together的缩写，代表"一起"。

- E：everyone的缩写，代表“每个人”。
- A：achieve的缩写，代表“获得、成功”。
- M：more的缩写，代表“更多”。

将T、E、A、M四个字母组合在一起构成的团队就代表“所有人在一起（共同工作）就能够获得更大的成功”，这正是对团队意义非常恰当的诠释。

团队能够让所有人发挥能力，做出贡献，共同实现“1+1＞2”的成就。一个团队里的成员可能并非都是精英，甚至众多的团队都是由普普通通的成员组成的，但是借助团队的协作，团队成员可以创造出远超出成员个体的巨大能量，即“三个臭皮匠，顶个诸葛亮”。换句话说，团队就是能够让一群平凡的人做出不平凡贡献的地方。

三、为什么是团队，而不是团伙

还有一个词和团队比较接近，也比较容易混淆，那就是“团伙”。团伙也是由一群人合作去共同实现一个目标。那么，团队和团伙有什么本质的区别呢？

团队不仅仅是为了一个共同目标而集合起来的一群人，而且为了共同目标的实现，团队成员愿意牺牲个人利益。团队的巨大凝聚力能够激发团队成员克服困难的潜力，团队的协作精神和共赢思维能够让团队成员感受到强烈的归属感和集体荣誉感。

团伙是基于个人利益而纠合起来的一群人。共同目标只是其成员实现个人利益的手段，而共同的目标也是暂时的。为了满足个人利益，团伙成员会放弃整体目标和牺牲他人利益。当团伙身陷困境时，从中获得个人利益的机会变小，团队成员便“树倒猢狲散”，甚至“落井下石”，这种情况并不少见。

管理启示

- 管理者的重要任务之一就是，把一群追求共同目标的人集合起来，打造成为“1+1 > 2”的团队；切忌这群为了共同目标而集合起来的人，为了追求自身的利益而变成“1+1 < 2”的团伙。
- 团队就是能够让一群平凡的人做出不平凡贡献的地方。

第二节　项目经理的画像

俗话说，“火车跑得快，全靠车头带。”一个项目团队要想高效地运转起来，离不开项目经理这个团队领导的带头作用。

我们先来看一下项目经理的画像究竟是怎样的。

一、谁成了项目经理

目前，在很多企业里，担任项目经理的人绝大多数都有较强的技术背景，属于“技而优则仕”。这类技术骨干型的项目经理都存在一些通病。

（一）技术思维

他们依旧是技术思维，未转变为管理思维。作为技术骨干，一个人做好自己的事情就可以了；但作为项目经理，更重要的不是一个人做好某项工作，而是需要带领团队成员一起实现项目目标。

（二）角色错位

他们不愿意割舍技术，仍然沉醉于具体的工作或技术细节，忽视了团队的管理。在项目经理的位置上做着技术骨干的工作。

（三）不懂得培养下属

他们对下属的工作总不能满意，不是通过辅导下属来提升下属的能力，而是直接把下属的工作拿过来做。下属闲死，自己累死。

（四）沟通障碍

他们长期与技术打交道，逻辑性强，原则性强，但缺乏灵活性和人际沟通的能力，而项目经理最重要的工作内容之一就是沟通。

（五）职位低，责任大

项目经理这个职务在很多企业里都有“职小责大”的特点。也就是说，项目经理通常在组织中的管理职级并不高，但其所承担的责任却比较大，因为一个项目的失败会给组织绩效造成不小的影响。

那么，项目经理的角色应该如何定位？项目经理到底是管理者，还是技术专家？我以为，一个项目经理最佳的角色定位应该是“在领导面前当专家，在专家面前当领导”。

所谓“在领导面前当专家”，是指项目经理应该比领导更懂得项目所涉及的专业内容，能够在领导面前以“专家”的形象出现，能够提出专业的见解。“专家型”的项目经理一般都会具有更强的影响力，也有利于为自己的项目争取到更多的资源、信任和支持。

所谓“在专家面前当领导”，是指项目经理不需要比团队成员更精通专业技术，他需要做的是管理，主要是激发团队成员的热情与专业能力，并带领他们一起朝着目标前行。所以，他更应该以管理者的身份出现在团队成员面前。

二、谁更适合担任项目经理

沟通是项目经理最重要的工作内容之一，合格的项目经理往往需要花费75%以上的时间在沟通上。因此，项目经理应该具备较强的人际沟通能力。

另外，项目经理最好具有一定的专业背景，这样既能帮助他从比领导更加专业的角度来操作项目，也能使其与项目团队成员具有共同的语言，从内行的角度来把控和监督专业任务的执行。

所以，企业在选择项目经理时，不能只把技术能力作为唯一标准。事实上，项目经理除了具备相关专业背景外，更应具备较强的人际沟通能力，善于和愿意做协调与管理的工作，具有影响他人的能力。

第三节 始于职权力，成于影响力

一、领导重于管理

对于一名优秀的项目经理来说，影响他人是一项必不可少的关键能力。因为在大多数组织中，项目经理的管理职级一般不高，他所拥有的职权力并不大。同时，项目团队大多是由不同部门的人员临时组成，团队成员并非项目经理的固有下属，当一个项目结束时，上级和下级之间的隶属关系也就结束了。此外，在项目实施过程中，团队成员的组织关系仍然留存在原来的部门。对于团队成员来说，部门主管的影响力可能比项目经理的影响力更大。在这种情况下，项目经理如果仅凭组织授予的职权力，是很难有效管理团队的。因此，项目经理需要的不是通过管理的手段让下属去完成任务，而是应该更多地运用领导的方式来激发下属自觉地完成任务。

因此，项目经理应该秉承“始于职权力，成于影响力”的理念来管理团队。换句话说，对于项目经理而言，领导重于管理。

（一）老子论领导力

中国古代伟大的哲学家、道家学派创立者老子在其著作《道德经》中就对领导力有一段精辟的阐述。老子认为，“太上，不知有之；其次，亲而誉之；其次，畏之；其次，侮之……功成事遂，百姓皆谓：我自然。”这句话的意思是，最好的领导者，人民并不知道他的存在；比这差一点的领导者，人民亲近他并且赞誉他；再差一点的领导者，人民畏惧他；更差一点的领导者，人民轻蔑他……（最好的领导者很少发号施令）事情办成功了，老百姓都说：“我们本来就是这样的。”

由此可见，老子所提倡的最佳领导力就是无为而治的思想，让管理发生在潜移默化之中。

管理启示

- 项目经理需要的不是通过管理的手段让下属去完成任务，而是应该更多地运用领导的方式来激发下属自觉地完成任务。
- 项目经理应该秉承“始于职权力，成于影响力”的理念来管理团队。换句话说，领导重于管理。

（二）从唐僧看领导力要素

说到无为而治，我认为《西游记》中的唐僧是一个很好的表率。

在取经路上，除了在极个别的情况下，唐僧动用过其职权力所赋予的管理手段，即用“紧箍咒”对孙悟空稍做惩戒外，他似乎再也没有给予取经团队施加过任何的管理。但是，三个徒弟一匹马仍然紧紧围绕在以唐僧为项目经理的团队核心周围，同心协力，排除万难，求取真经。

唐僧，一个手无缚鸡之力的“凡人”，他到底有什么过人之处能领导这个由一群本领高强的徒弟组成的团队，并让所有成员死心塌地地追随他呢？唐僧的领导力究竟是从哪里来的？

1.出身好，有授权，有靠山

唐僧虽是凡人，但前世是佛祖的二徒弟金蝉子，而且是唐朝皇帝的拜把兄弟，说明他出身好。唐僧是唐朝皇帝御批的项目经理，说明他有名分。唐僧也是取经项目发起人如来佛祖指派的项目经理，唐僧还有如来佛祖、观音菩萨、唐朝皇帝等关键干系人的大力支持，说明他有靠山。这些是其背景所带来的影响力，而领导力的根本就是对他人的影响力。

2.具有核心竞争力，不可替代

取经团队取的是什么？佛经。

取经团队里谁会念经？唐僧。

孙悟空再神通广大，也无法取代唐僧，为什么？他不会念经。试想，如果取经项目的项目经理连经都不会念，其他人怎么可能跟着他取来真经？别人不会念经，只有唐僧会，会念经就是唐僧的核心竞争力。所以，这个项目经理的位子还真不是谁想坐就能坐的。这也可以看作专业能力带来的影响力。

这告诉我们一个道理：如果要成为一个组织中不可或缺的人物，那么一定要拥有无人能及的核心竞争力；否则，你在任何时候都可能被别人替代。

3.目标导向，意志坚定，百折不挠

唐僧不但对取经这个目标认识非常清晰，而且时时刻刻不忘定位、不忘初心、紧盯目标。他每次向别人介绍自己时，都是同一个版本：“贫僧唐三藏，从东土大唐而来，到西天拜佛求取真经……”

同时，他具有实现目标的坚定意志和高度意愿。就算是没有这群神通广大的徒弟的陪伴，他一个人也仍然会去。即使自己可能会在取经路上被妖魔鬼怪吃掉，他的决心也毫不动摇。正是这种强大的愿景，为实现取经目标提供了有力的指引。

当代领导力大师沃伦·本尼斯在其著作《成为领导者》中写道："领导力的第一个基本要素是提供指引的愿景。领导者非常清楚自己在专业和个人生活方面想要什么，并且具有在遇到挫折，甚至是失败时坚持下去的意志力。除非你自己知道自己要去哪里，并且知道自己为什么去，否则就不可能到达目的地。"

4. 以身作则，身体力行，勇做表率

在取经路上，唐僧作为一个凡人，发挥着"一不怕苦，二不怕死"的精神，用柔弱的"小身板"无所畏惧地带领着徒弟们克服不断出现的各种艰难险阻，一步一步地接近目标。在整个取经过程中，唐僧看似什么都没有做，却又时刻在用自己的言行影响其他人。这种表率作用正是唐僧领导力的一个重要体现，以身作则就是"行不言之教"。

以身作则是被广泛实证和认同的领导力要素。事实上，在不少的领导力研究成果和企业管理实践中，都不约而同地将"以身作则"放在领导力因素的显著位置上。

在《礼记·缁衣》中，孔子就明确地提出："下之事上也，不从其所令，从其所行……故上之所好恶，不可不慎也，是民之表也。"这句话的意思是，下面的人跟着上面的人做事，不是服从于上面的人发号施令，而是信服其（实际）言行……因此，对于上面的人的喜好，不可以不慎重，因为这是民众的表率。

世界500强企业联想集团也通过自身的企业管理实践总结出："以身作则，不是影响他人的重要途径，而是唯一途径。"

（三）领导力的五项行动

1983年，美国学者詹姆斯·库泽斯和巴里·波斯纳展开了一个有关领导力的调研项目。他们希望借此了解领导者在领导他人的过程中，当达到个人的巅峰时都做了什么。基于对“优秀领导”案例的研究和分析，库泽斯和波斯纳形成了一套领导力模式，将其归纳为可模仿的领导力的五项行动——以身作则、共启愿景、挑战现状、使众人行、激励人心。每项行动又具体可以体现为领导者的两项行为，共十项行为。

- 以身作则：发现自己的心声和确认共同的理想之后，清晰地阐述价值观；在以行动体现价值观上树立榜样。
- 共启愿景：描述未来的图画——构建团队愿景；通过对共同渴望的诉求，获得他人对共同愿景的赞同。
- 挑战现状：挑战现状，寻找机遇，创新工作方式；敢冒风险，不断通过小的胜利树立信心，并从经验中学习。
- 使众人行：通过建立信任和内心联结来促成协作；通过增强团队成员的意志和能力来他们更加强大。
- 激励人心：及时认可贡献，对个别的卓越行为表示欣赏；建立一种庆祝进步、成就和胜利的文化。

从库泽斯和波斯纳所阐述的领导力的五项行动和十项行为来看，唐僧基本上都做得不错。

管理启示

- 以身作则是被广泛实证和认同的领导力要素。以身作则就是“行不言之教”。

二、如何管理不同的员工

（一）能力—意愿矩阵

对于项目经理而言，虽然领导重于管理，但是这并不意味着项目经理不需要进行管理。由于项目团队的成员结构比一般的团队更复杂，这在管理上给项目经理提出了更高的要求。为了使团队管理更加卓有成效，项目经理必须敢于面对团队成员差异化的挑战，并对不同的人实施针对性的管理方式。

我们可以通过工作能力和工作意愿这两个要素对员工进行分析，并借助能力—意愿矩阵呈现出来，如图7-1所示。

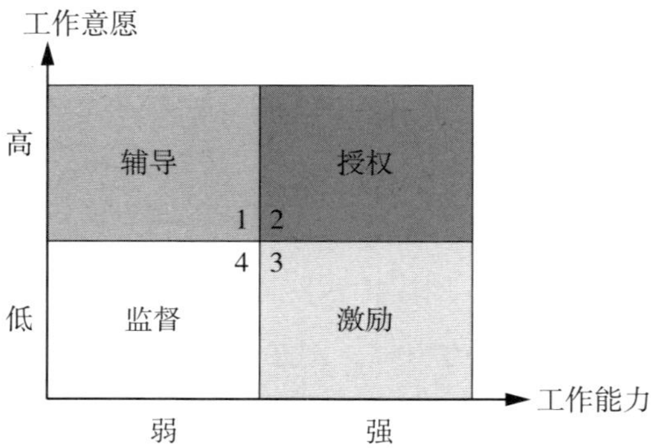

图7-1　能力—意愿矩阵

图7-1中，每一个区域代表一种类型的员工。由此，可以将员工分为四种类型。

- 类型1：工作意愿高，工作能力弱。
- 类型2：工作意愿高，工作能力强。
- 类型3：工作意愿低，工作能力强。
- 类型4：工作意愿低，工作能力弱。

以《西游记》取经团队为例来说明，如何去管理不同类型的团队成员？

将孙悟空、猪八戒和沙和尚三个人放到这四个区域中，那么，工作意愿高，工作能力弱（类型1）的就是沙和尚；工作意愿高，工作能力强（类型2）的就是孙悟空；工作意愿低，工作能力弱（类型4）的就是猪八戒。

那么，唐僧应该如何对他们采取针对性的管理方式呢？

类型1中的沙和尚，工作意愿高，但是工作能力相对弱一些。很多事情他愿意做，可是确实缺乏足够的能力去做。那么，唐僧就应该对他多采取辅导的方式，甚至是手把手地教他如何去做。比如，走路时经常提醒下沙和尚："悟净，看着点路，注意脚下，那边有个坑，别掉进去了……"

类型2中的孙悟空，工作意愿高，工作能力也很强。那么，唐僧就不要过多地干涉他，授权让他在队伍的前面做先锋，逢山开路，遇水搭桥。但是，授权要有个明确的范围，可以斩妖除魔，不能滥杀无辜。如果出了这个界限，唐僧就施加管理的手段，用紧箍咒来控制他。

类型4中的猪八戒，不但工作能力不强，态度也不端正，工作意愿低下。那么，唐僧应该对他采取监督的方式，做得不好就要对其加以惩戒。所以，孙悟空会经常代替师傅去揪揪猪耳朵，教训一下他。

类型3代表工作意愿低，但工作能力强的成员。对于这类型的员工，可以采取激励的方式来提升他们的工作意愿，调动他们的工作积极性。

（二）你会炒了谁

这里，我想借助《西游记》的案例再引出一个有趣的管理问题。

虽然这是一个虚拟的案例，但其中包含的管理思路可以在现实生活中进行借鉴。

思考

假设《西游记》取经团队现在需要裁员的话，你该怎么办？

- 如果裁掉两个人，你会选择谁？
- 如果裁掉一个人，你会选择谁？

1.如果裁掉两个人，你会选择谁

我认为，如果要裁掉两个人，裁员的决定反而比只裁掉一人更容易做出。裁员的对象应该是猪八戒和沙和尚。为什么呢？原因很简单，这两个人都缺乏核心竞争力，不是必不可少的角色。我们依次对取经团队的成员做一个分析。

首先，看唐僧。唐僧是如来佛祖暗中指定的项目经理，也是唐朝皇帝御批的项目经理，背景强大。而且，唐僧具备其他团队成员没有的核心竞争力——会念经书。取经团队取的是经书，如果连经书都不会念，怎么能够取到真经？所以，唐僧不能被裁掉。

其次，看孙悟空。孙悟空是团队的技术骨干，神通广大，本领高强，斩妖除魔都靠他。如果把孙悟空裁掉了，恐怕项目团队走不出一里地，就会沦陷于妖魔鬼怪的魔爪下。在取经过程中孙悟空几次出走的经历就是最好的证明。

再次，看白龙马。白龙马看似没什么本事，但唐僧是一个凡人，要想走十万八千里去西天取经，如果仅凭他的“小身板”步行的话，会不会累趴下先不说，即使走到了，恐怕时间也会过去很多年，项目进度将严重滞后。所以，白龙马也不能少。

因此，如果要裁掉两个人，就只能裁掉猪八戒和沙和尚了。这两位都是可以替代的角色。少了猪八戒，团队的气氛乏味一些；少了沙和尚，担子可以由孙悟空来挑，也可以让白龙马驮着。

2.如果裁掉一个人，你会选择谁

如果只是裁员一人，那么裁掉猪八戒可能是大部分人的第一反应，因为猪八戒好吃懒做，不但能力不强，而且工作意愿也不高，还经常挑拨是非。从这个角度来看，猪八戒确实不如同样是工作能力不强，但工作意愿高的沙和尚。

从另一个角度来看，去往西天取经的工作是非常艰辛且单调的。为了鼓舞大家的士气，调动工作激情，团队里需要营造一种轻松活跃的氛围。猪八戒在团队中正是充当了这种调节团队气氛的角色——团队"开心果"。如果裁掉猪八戒，留下沙和尚，一路上的团队气氛可能会相当沉闷。唐僧本就是个内向无趣的人，而沙和尚除了几句经典的台词——"大师兄，师傅被妖怪抓走了""大师兄，二师兄被妖怪抓走了""大师兄，师傅和二师兄都被妖怪抓走了"，基本上也没有什么其他的话了。在这种情况下，孙悟空连个说话斗嘴的人都没有，大家只能闷着头前行。这对于需要走十万八千里才能完成的取经项目来说，实在太枯燥、太压抑。依照孙悟空的性格，在这种团队氛围中弄不好会憋出抑郁症来，同时会严重影响他的工作绩效。所以，组织氛围会对员工的工作绩效具有不小的影响。

其实，做出怎么样的裁员决策，并没有标准答案。更多的是与我们看问题的视角有关，需要根据实际的管理需求来决定。

管理启示

- 组织氛围会对员工的工作绩效产生不小的影响。

第四节　如何赢得团队协作

项目目标的实现需要项目团队中所有团队成员的通力合作，并且每个人都应该对目标的实现有所贡献。当项目成员愿意承诺为目标的实现做出贡献时，团队的协作也就有了共同的基础。

项目经理应该如何通过获得团队成员的承诺来推动团队协作呢？我认为，可以从以下四个方面来考虑。

一、让团队成员参与决策

既然实现项目目标是大家的共同意愿，那么项目经理就有必要通过让团队成员参与项目的决策过程来体现这一理念。只有这样，团队成员才会认可达成的决策，并自觉去执行决策要求，因为决策的制定也包括了他自己的意见。

二、让团队成员了解情况

项目经理在交办任务时，不能只告知下属去做什么，而且还应该告诉他为什么这样做？如果下属对相关任务的意义不理解，就不可能尽心地完成这项任务。如果员工对于为什么做不理解，而其管理者又不说明的话，那么这将极大地影响到员工工作的主观能动性。

此外，项目出现了问题，项目经理也应该坦诚地告知团队成员，让整个团队共同应对困难。

三、让团队成员有利可图

项目团队之所以集合在一起，是为了实现共同的目标。但是，这并不妨碍我们在实现共同目标的基础上，让团队成员获得有利于自身的收益。

“只让马儿跑，不让马吃草”，这样的马也跑不远。为了换取团队成员的承诺来更好地推动共同目标的实现，项目经理也应该考虑团队成员的利益诉求，承诺他们通过参与项目可以获得的好处。这种好处可能是精神激励，也可能是物质激励，最好是两者的结合。

四、“硬”道理＋“软”包装

毋庸置疑，管理中需要IQ（智商）和EQ（情商）。

IQ是理性思维的“硬”道理。项目经理在进行需求管理、计划编制、工作跟进、工作检查、总结评估等工作内容时，需要强调严谨的工作方式。

EQ是感性思维的“软”包装，多用于项目中的沟通、协调、整合等管理行为中，是推动专业工作的润滑剂。

项目经理仅用IQ管理项目团队是远远不够的，因为他的职权力并不高，所以项目经理更需要借助领导力去推动团队前行。如果项目经理只是强调“这就是你们的工作，你们应该这样做”，那么就很难调动下属的工作热情，很难激发他们的工作意愿。当所有的下属都在应付工作时，我们还如何期待他们能够发挥出更大的创造力，并做出超出预期的贡献呢?

因此，对于团队的管理，项目经理不能够只是依照IQ的“硬”道理，更需要借助EQ的“软”包装，用情商来推动智商的管理。如果项目经理只有智商，没有情商，充其量只能做个技术骨干。当项目经理即有智商又有情商时，项目经理才会好当。

管理启示

- 管理既需要IQ的“硬”道理，也需要EQ的“软”包装，用情商来推动智商的管理。

小　结

项目经理必须依靠团队的力量来完成项目目标。为了发挥团队的力量，管理者必须正确理解团队的价值和激发团队力量的方式。

项目经理要引领团队实现项目目标，更重要的不是运用职权力，而是发挥领导力。项目经理需要通过领导力的影响作用，在共同实现项目目标的基础上，激发团队成员的工作热情和主观能动性，让每个人都自觉、自愿地参与进来，在项目中实现自我价值，提升自我能力。

第八章 让意外不再意外

意外来源于我们工作中存在的不确定性，这种不确定性注定了项目风险的存在。虽然工作中的不确定性无法避免，但是它所产生的风险能够被管理。

风险管理就是通过对不确定性施加管理，从而让意外不再意外。

第一节　正确认识风险

一、意外不可避免，但风险可以管理

在我们的工作中都会不可避免地出现意外事件。如果我们不能对意外事件进行有效的管理，那么这些意外事件就很可能会对工作造成损害，甚至可能会导致工作失败。

这些在工作中出现的意外事件就是我们所说的风险，而风险管理的目的就是保障工作顺利执行。风险管理是项目管理中重要的管理内容，也是项目管理十大知识领域之一。

《周易》中写道："君子以思患而豫（预）防之。"这句话的意思是，一个人应该深谋远虑，居安思危，在还没有出现问题的时候就要提前考虑到可能的灾祸，并采取措施来预防它。

这一段对于风险预防的论述出现在第六十三卦"既济"卦中。"既济"卦代表大功告成。对于"思患"的描述不是在其他卦中，而是在代表功德圆满的"既济"卦中，就是在强调居安思危、防患于未然的重要性。

那么，到底什么是风险呢？

风险是一种不确定的事件或前提条件，一旦发生，会对至少一个项目目标造成影响，如范围、时间、成本和质量。事实上，风险带来的不仅仅是对项目的损害或负面的影响，风险也可能带来机遇，但本书我们只谈论前一种狭义的风险概念。

项目风险存在于所有的项目中，而且我们无法避免，因为风险来源于项目中存在的不确定性。也就是说，只要项目中存在不确定性，它就会引发潜在的风险。那么，是不是只要消除了项目中的不确定性，就可以消除风险呢？理论上是这样，但项目中的不确定性存在于项目的各个方面，是无法被彻底消除的，而它们也就是各类风险的源头。

例如，经营一家企业，风险不但来源于企业内部，还来源于企业外部。企业内部环境涉及的风险可能存在于技术条件、管理水平、企业文化、设施装备、生产能力、人员结构、思维理念、工作态度、规章制度等方面。企业外部环境带来的风险可能存在于政治、经济、法律制度、社会文化、科技发展、人口结构、地域分布、气候条件、客户、消费者、供应商、经销商、合作伙伴、竞争者等方面。

正因为风险存在于任何项目中，而且存在于事物发展的每个阶段，所以风险管理的范围是0～100%。也就是说，从项目开始到项目结束，都需要进行风险管理。

因此，无论从事什么工作，都应该建立起基本的风险意识。以下是一则关于风险意识的小故事。

小鸡出门回来，看见猪在院子里溜达。

小鸡问："主人呢？"

猪答："去菜市场了。"

小鸡："去菜市场干什么？"

猪："买蘑菇去了。"

小鸡一听掉头就跑！

猪很纳闷，喊道："你跑什么呀？"

小鸡头也不回："蠢猪！我不跑能行吗！他要是买酸菜和粉条，你跑得比我还快呢……"

小鸡能从主人去买蘑菇这件事预判潜在的风险。小鸡认为，主人可能是准备做"小鸡炖蘑菇"这道菜，从而立刻采取行动，逃之夭夭。不能不说小鸡的风险意识很强。

实施风险管理一般遵循什么样的过程呢？

第一步，风险识别。找出工作中潜在的风险，只有先把潜在的风险挖掘出来，才有可能对风险进行管理。

第二步，风险评估。对已识别的风险进行评估，主要有定性评估和定量评估两种方法。

第三步，风险应对策略。针对各种风险的响应措施。

第四步，风险监控。监督、检查风险事件的发生情况和风险响应措施的落实情况。

管理启示

- 意外不可避免，但风险可以管理。
- 风险管理就是通过对不确定性施加管理，从而让意外不再意外。

二、发掘意外——识别风险

要想对风险进行管理，就必须先把风险找出来，这就是风险识别。要求我们在分析项目风险产生的各种原因或影响因素的基础上，确定风险事件及其来源，从而把项目中的潜在风险挖掘出来。

专家判断法和头脑风暴法是经常用于识别风险的两种方法。专家判断法就是向相关领域的专业人士征询意见和建议，由专业人士依照自己的经验来判断可能存在风险；头脑风暴法就是将团队成员聚集起来，一起来探讨，共同发掘项目中的风险。

同时，借鉴之前类似项目的经验也是一种识别风险的方法。例如，我们曾经做过一次新产品市场推广的项目，当时出现了一些意外状况。那么，下次当我们再去开展类似的新产品推广项目时，就可以提前把之前出现过的风险因素考虑进去。

此外，我们还可以借助WBS这个工具对项目中的风险进行分解。在利用WBS对项目风险进行分解时，我们把它称为“风险分解结构”（risk breakdown structure，简称RBS）。

在风险分解结构中列出一个典型项目中可能发生的风险分类和子分类。与WBS第一层依照不同的逻辑来对工作或项目进行分解一样，不同的风险分解结构也适用于不同类型的项目和组织。这种方法的优点在于，它可以使我们按照一个清晰的结构化思路对风险进行分析。

图8-1为风险分解结构的示例。首先，将案例项目的风险分解为“技术的”、“外部的”、“组织的”和“项目管理”四大类；然后，将每一大类的风险再进一步分解为更小的风险种类。“技术的”风险分解为“需求”“技术”“复杂性和界面”“绩效和可靠性”“质量”五个子类风险。“外部的”风险分解为“分包商和供应商”“管理规定”“市场”“客户”“天气”五个子类风险。“组织的”风险分解为“项目依赖关系”“资源”“资金”“优先级”四个子类风险。“项目管理”风险分解为“估算”“计划”“控制”“沟通”四个子类风险。有些子分类风险还可以继续分解下去，直到满足我们的管理需求为止。比如，“估算”可以再分解为“成本估算不足”和“进度估算不准确”等具体风险。

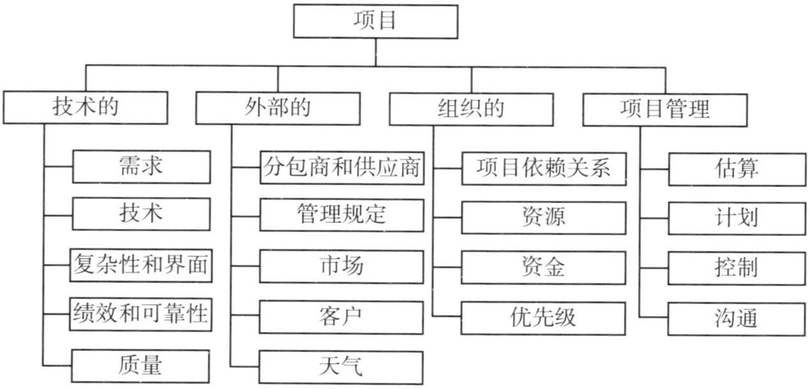

图8-1 风险分解结构

第二节 判断意外带来的危害——评估风险

将项目的风险识别出来后，就需要对风险进行分析和评价，确定每种风险对项目的影响程度，主要从以下四个方面来分析。

- 风险概率，即评估风险发生的可能性。
- 风险后果，即评估风险发生后产生的影响。
- 影响范围，即评估风险影响的幅度，会对时间、质量、成本等哪些方面造成影响。
- 发生时间，即评估风险发生的时间。

一、定性风险评估与定量风险评估

在对风险进行评估时，主要有定性风险评估和定量风险评估两种方法。

（一）定性风险评估

定性风险评估是评估已识别出的风险的可能性和影响的过程。这一过程用来确定风险对项目目标可能产生的影响，并对风险进行排序。定性风险评估使用定性语言来描述风险的发生概率及其后果。

例如，依据风险概率和风险后果这两个维度来定义风险级别，如表8-1所示。

表8-1 风险级别定义表

风险概率（可能性）	风险后果（影响）	风险级别（高、中、低）
风险事件极有可能发生，发生的可能性大	如果风险发生将会严重影响项目的成本、时间或质量，引起客户的抱怨或不满	高
风险事件有可能发生，发生的可能性中等水平	如果风险发生将会影响项目的成本、时间或质量，客户的满意度受到影响	中
风险事件不大可能发生，发生的可能性小	如果风险发生对项目的成本、时间或质量的影响较小，一般不会引起客户的注意	低

表8-1中，把风险级别定为高、中、低三级，并用定性描述的方式来评估风险。还可以将识别出来的不同级别的风险用各种颜色来表示，比如，红色代表高风险，黄色代表中等风险，绿色代表低风险。也可以用数字来表示风险的级别，如1、2、3等。使用哪种形式来标识风险级别，以及将风险分为多少个级别，需要根据组织的实际情况来决定。

值得一提的是，由于每个组织的自身条件和所处环境不同，对风险的理解也不同，所以要谨防照搬其他组织的风险定义。例如，对于同样一个可能带来500万元损失的风险因素来说，实力雄厚的甲企业也许只是将其视为中等风险，而乙企业或许因此而破产，所以将其界定为极高的风险。

风险评价界定表常被用来评估风险级别及其结果，如表8–2所示。我们可以根据风险带来的影响界定出不同的风险级别。

表8–2　风险评价界定表

风险级别 结果	极低	低	中	高	极高
成本	不明显的费用增加	费用增加＜5%	费用增加5%～10%	费用增加10%～20%	费用增加＞20%
时间	不明显的进度拖延	进度拖延＜5%	进度拖延5%～10%	进度拖延10%～20%	进度拖延＞20%
范围	范围减少，几乎察觉不到	范围次要部分受到影响	范围主要部分受到影响	范围减少，不被业主接受	项目最终产品实际没有用到
质量	质量等级降低不易察觉	只有少数非常苛求的工作受到影响	质量降低需要业主批准	质量降低不被业主接受	项目最终产品实际不能使用

表8–1和表8–2主要是通过定性的语言对风险进行描述，可以帮助我们对各种风险有一个大概的了解。虽然定性风险评估可以对风险进行界定和区分，但是区分程度并不明显。

（二）定量风险评估

定量风险评估是指通过相关数据的量化分析来描述、推断某一事物发生事故的可能性和后果。

我们还可以借助公式计算风险值的大小，将其量化，即：

风险值=概率（可能性）×后果（影响）

如表8–3所示，针对某个培训项目，我们识别出风险A（预算不足）、风险B（培训需求不清晰）、风险C（培训需求变更）、风险D（讲师课程质量不佳）、风险E（现场设备事故）、风险F（学员出勤率低）、风险G（讲师档期冲突）、风险H（部门经理不支持）等。每一个被识别出来的风险都会有一个发生概率和发生后会带来的后果。首先，分别用5、4、3、2、1来代表风险发生的概率和后果，其中，5最大，1最小；然后，根据分析和判断，赋予每个风险的发生概率和后果相应的分值；最后，将这两个分值相乘，就得出了相应的风险值。

表8-3　项目风险值统计表

序号	风险	概率（可能性）	后果（影响）	得分
风险A	预算不足	3	3	9
风险B	培训需求不清晰	4	5	20
风险C	培训需求变更	3	4	12
风险D	讲师课程质量不佳	3	5	15
风险E	现场设备事故	2	3	6
风险F	学员出勤率低	5	4	20
风险G	讲师档期冲突	2	5	10
风险H	部门经理不支持	4	4	16
风险N	……	……	……	……

表8-3中，“培训需求不清晰”和“学员出勤率”的风险值最高，均为20分；“部门经理不支持”的风险值次之，为16分……如此，就可以利用具体的数值对所有的风险进行比较和排序，也可以有的放矢地把更多的工作精力放到重点风险的管控上。

二、项目风险识别表

项目风险识别表可以帮助我们将识别出来的风险进行整理和备案，有利于对风险进行统一的管理，如果8-4所示。

表8-4　项目风险识别表

序号	风险事件	所属类型	概率	影响	发生时间	发生环节	发生征兆	备注
1								
2								
3								
4								
5								
6								
7								
8								
9								
10								

- 风险事件：识别出来的项目风险名称。
- 所属类型：该风险按照我们的定义是属于哪一类的，如技术型、管理型等。
- 概率：该风险发生的可能性有多大。
- 影响：一旦该风险发生，产生的后果是怎样的。
- 发生时间：对该风险将在何时可能发生进行预判。
- 发生环节：该风险将发生在哪个工作环节中。
- 发生征兆：出现什么状况可能会预示着该风险将即将发生。

三、决策树

决策树（decision tree）是在已知各种情况发生概率的基础上，评价项目风险，判断其可行性的决策分析方法，是运用概率分析的一种图解法。由于这种决策分支画成图形很像一棵树的枝干，故称为决策树。

我们用一个案例来具体介绍决策树的用法。

在市场需求快速增长的背景下，某企业原有厂房的生产能力已经远不能满足快速发展的市场需求。为了提高产能，该企业需要考虑是投资新建厂房还是扩建旧厂房。在决策前，经营者对目前的状况进行了分析。

新建厂房，需要投资1.5亿元；扩建旧厂房，需要投资8 000万元。根据分析，未来市场强需求的可能性是60%，弱需求的可能性是40%。在强需求的情况下，新建厂房的产量能够为企业带来2.2亿元的收益，扩建旧厂房的产量能够为企业带来1.4亿元的收益；在弱需求的情况下，新建厂房的产量能够为企业带来1.3亿元的收益，扩建旧厂房的产量能够为企业带来8 000万元的收益。

那么，究竟是投资新建厂房，还是扩建旧厂房呢？

我们可以借助决策树来寻求最佳的方案，如图8-2所示。

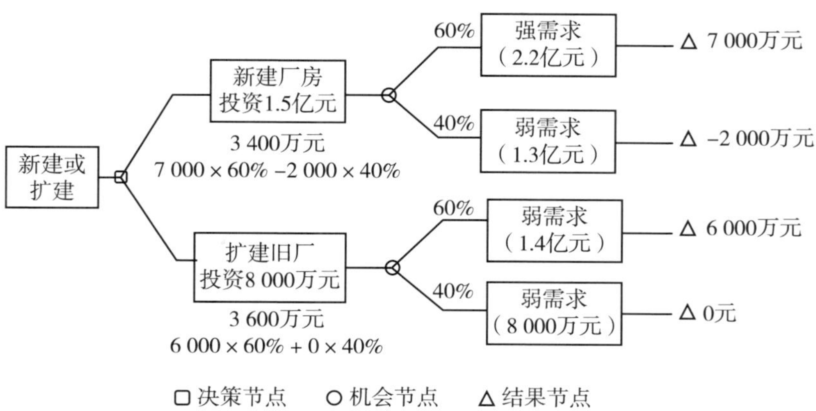

图8-2　用决策树来寻求最佳方案

决策节点是对几种可能方案的选择，即最后选择的最佳方案。图

8-2中的决策点就是新建或扩建的选择。

机会节点代表备选方案的经济效果（期望值）。通过各机会节点的经济效果的对比，按照一定的决策标准就可以选出最佳方案。由机会节点引出的分支称为概率枝，每个概率枝上要注明该状态出现的概率。图8-2中的机会节点后分支出来的60%和40%就是两个概率枝。

结果节点是将每个方案在各种自然状态下取得的损益值标注于结果节点的右端。图8-2中7 000万元、-2 000万元、6 000万元和0元就是4个结果节点。

我们先看看新建厂房，新建厂房需要投资1.5亿元。

在市场强需求的情况下，企业可获利2.2亿元，那么减去投资的1.5亿元，收益为7 000万元。市场强需求的概率为60%，所以它的可能收益为7 000 × 60%=4 200（万元）。

在市场弱需求的情况下，企业可获利1.3亿元，那么减去投资的1.5亿元，收益为-2 000万元。市场弱强需求的概率为40%，所以它的可能收益为-2 000 × 40%=-800（万元）。

这样，新建厂房的收益期望值为4 200+（-800）=3 400（万元）。

我们再来看看扩建旧厂房，扩建旧厂房需要投资8 000万元。

在市场强需求的情况下，企业可获利1.4亿元，那么减去投资的8 000万元，收益为6 000万元。市场强需求的概率为60%，所以它的可能收益为6 000 × 60%=3 600（万元）。

在市场弱需求的情况下，企业可获利8 000万元，那么减去投资的8 000万元，收益为0元。市场弱需求的概率为40%，所以它的可能收益为0 × 40%=0（元）。

这样，扩建旧厂房的收益期望值为3 600+0=3 600（万元）。

两者相比，还是扩建旧厂房更有利，不但投资小，而且收益期望值也更大。

第三节　准备好处理意外的办法——应对风险

在对风险进行评估后，我们就需要考虑应对相关风险的策略了，应对措施一般有以下四种。

一、回避

回避就是当我们发现按照目前的方式来做事可能会面临某种风险时，我们通过变换方法来避免出现这个风险。

例如，甲计划今天要出门办事。天气预报显示，今天有大雨。为了避开可能出现的大雨，甲改变了原来的计划，留在家里。

二、转移

转移就是将风险可能带来的后果转移给第三方，避免自己遭受大的损失。

例如，甲计划今天要出门办事。天气预报显示，今天有大雨。为了避开可能出现的大雨，甲安排乙代替自己出门办事，自己留在家里。

购买保险也是一种风险转移的方式。当出现了风险带来的后果后，由于投保人提前购买了保险，有一部分损失就由保险公司承担了。

三、减轻

减轻就是当我们发现按照目前的方式来做事可能会面临某种

风险时，我们可以提前采取一些预防手段来减轻这个风险带来的损害。

例如，甲计划今天要出门办事。天气预报显示，今天有大雨。于是，甲在出门前随身携带了雨伞。带雨伞并不能完全避免被雨水淋湿，但被淋湿的程度会降低。

四、接受

接受就是当我们发现按照目前的方式来做事可能会面临某种风险时，我们并不去采取任何措施来防范它，等风险来临时再去考虑解决的办法。

例如，甲计划今天要出门办事。天气预报显示，今天有大雨。甲没有做任何准备工作，仍然按照计划行事。一方面，不一定会下雨；另一方面，就算下雨，到时可以再找地方避雨。

接受这种策略主要针对风险概率很低和后果不严重的事件。俗话说，当人走背字的时候，都可能被天上掉下的砖给砸到，但出现这种意外的概率太低了。我们总不能为了预防被天上掉下的砖给砸到，整天戴个钢盔出门吧。

此外，对于一些虽然发生概率并不大，但后果非常严重的风险，应该有应急策略。例如，酒店发生火灾的概率一般并不大，但酒店的房间里都有发生火灾时的逃生指引说明，并且要随时保证逃生通道畅通。

在应对风险时，也可以采取专家判断法，征询专业人士的意见，请他们提供应对风险的建议。

我们也可以通过表单来对风险管理计划进行可视化的呈现，表8-5就是一个培训项目风险管理计划表的示例。

表8-5　风险管理计划表

风险管理计划				
项目名称：				
日期：		编制人：		
序号	风险	得分	策略	负责人
风险A	预算不足	9		
风险B	培训需求不清晰	20		
风险C	培训需求变更	12		
风险D	讲师课程质量不佳	15		
风险E	现场设备事故	6		
风险F	学员出勤率低	20		
风险G	讲师档期冲突	10		
风险H	部门经理不支持	16		
风险N	……	……		

- 风险：列出识别出的主要风险。
- 得分：通过风险概率（可能性）与后果（影响）的乘积而获得的风险值。
- 策略：应对各种风险的措施。
- 负责人：每种风险管理的指定责任人。

五、监测意外的发展状态——监控风险

风险管理的最后一步就是监控风险。监控风险是指在整个项目实施过程中，根据项目风险管理计划和项目实际发生的风险与项目发展变化，所开展的各种监督和控制活动。

监控风险的目的是考察各种风险控制措施产生的实际效果，确定风险减少的程度，监视风险的变化情况，进而考虑是否需要调整风险管理计划，以及是否启动相应的应急措施，主要包括以下几个方面。

（一）跟踪、监督已识别出的风险，识别新的风险

对已识别出来的风险保持跟踪与监督，监控潜在的风险，做到心中有数。同时，在风险管理计划实施后，风险控制手段必然会对风险的发展产生相应的效果。还需要及时发现和度量新的风险因素。

例如，我们开车从A地去往B地。我们通过导航软件发现，目前所选择的路线在前方某个地方出现拥堵。为了躲避拥堵，我们临时改变了路线，选择了一条比较通畅的路线。这一选择让我们避开了拥堵，但可能也会因此而产生新的风险，比如在新的路线上，大型货车可能会比较多，这样，行车的危险系数明显增高了。

（二）保证风险管理计划的执行。

确保依照风险管理计划对风险进行管理。

（三）评估风险对策与措施的有效性。

如果既定的风险管理计划及其应对措施不能有效地管控风险，需要及时对风险管理计划进行调整。

（四）记录风险发生及处理的结果。

将已发生的风险及相关处理结果记录下来，作为知识管理的一部分，可以用于指导我们未来的风险管理工作。

管理启示

- 风险管理的范围是0～100%，也就是在项目的整个过程都应该进行风险管理。
- 做最坏的打算，争取最好的结果。只有防患于未然，才能将意外控制于掌握之中。

练习

- 您目前正在从事的工作或项目可能会遇到哪些风险，该如何应对？

注意：将每种风险的应对策略都对应到具体的风险事件。

小　　结

项目中不可避免的不确定性注定了项目风险的存在。风险管理通过一整套管理手段（风险识别→风险评估→风险应对→风险监控）对项目中的不确定性进行有效的管理，让意外不再意外，从而保证项目顺利执行。

第九章 管理过程与掌控变化

所谓管理过程与掌控变化是指项目实施过程中的执行和监控阶段。执行和监控不是按照先后顺序发生的，而是在执行的同时就要对执行的情况进行监控，以便及时管理实施过程，掌控其中的变化。

如果计划是告诉我们如何正确地去做事，那么执行和监控就是告诉我们，如何按照计划的要求去正确地做事，并保证一直在正确地做事。项目的执行和监控是通过有效的过程管理来达成预计结果的一对共存的过程。

第一节　执行中的监控

一、执行——让计划转变为结果

一个项目在经过启动和规划阶段后，就进入了执行阶段。但这并不意味着，只要有计划，就可以顺利地执行项目。项目计划给出了项目执行的路径，虽然按照这个路径可以完成项目目标，但是按照计划去执行项目却不是一个简单地可以自动实现的过程，有众多的因素会在执行的过程中干扰我们，使我们的工作偏离既定的轨道。

比如，我们有一张地图，但地图本身是无法保证我们到达目的地的。我们要想到达目的地，一方面，必须依照地图所显示的路线前行；另一方面，要经常对照地图，要特别关注路线中的关键点，检查我们是否走对了路，并对错误的路线及时做出修正。再比如，有了一份完美的图纸并不等于能建起一栋坚实的大楼。要把大楼按照图纸建起来，需要完善的计划、充分的授权、明细的责任、团队的氛围、风险的把控、资源的调配、畅通的沟通和合理的分工等各种因素的配合。墨菲定律指出："任何可能发生的事，终将发生。"所以，无论计划多么完美，项目中总会出现我们担心的不确定性去影响项目的正常执行。在这种情况下，就需要通过监控的手段将项目的执行过程重新拉回项目计划的轨道上。因此，项目中的执行与监控是共生共存的。没有了执行，监控就失去了对象；没有了监控，执行就好似蒙上了"眼睛"。

我认为，项目管理的核心思想是："基于合理完善的计划，通过有效的过程管理导出结果。"执行和监控都是有效的过程管理的一部分，它们在管理项目计划执行过程的同时，积极掌控一切变化，使得计划执行卓有成效。

管理启示

- 执行与监控是共生共存的。没有了执行，监控就失去了对象；没有了监控，执行就好似蒙上了"眼睛"。
- 项目管理的核心思想是："基于合理完善的计划，通过有效的过程管理导出结果。"

二、监控——让执行产出计划的结果

不少项目管理专家认为，项目管理的核心在于计划，因为没有计划就无从谈及执行和控制。确实，计划是管理的基础，但项目管理也非常重视对于过程的管理。因为计划没有变化快，再完美的计划都是会变化的，而监控就是用来应对变化，从而保障计划结果的顺利实现。

在项目执行的同时就要进行监控。监控的目的就是在跟踪监督项目执行的基础上，施加控制的手段，以保证项目在预定的轨道上前行。

项目的执行和监控都是基于计划的，那么监控与计划之间又存在什么关系呢？首先，监控就是把现状与计划进行对比，发现问题，然后施加管理手段；其次，计划表明工作在某一刻应该达到什么状态，没有计划我们就不知道按照计划项目预定的状态本应该是什么样的，也就无法进行监控；最后，如果不了解当前项目的进展，也就无法将项目现状和计划进行对比，也就无从进行监控。

为了及时了解项目的状况，有必要在项目中建立起良好的信息系统来反馈项目的状态。最重要的是，要保证信息在项目实施过程中的通畅交流，而不是应该采取什么样的技术手段。因此，只要沟通顺畅，即使运用传统的沟通方式，也是好的信息系统；反之，即使技术手段再先进，如果不能发挥良好的沟通作用，也不是好的信息系统。

三、“三问”与“三招”

（一）三个问题

在对项目执行的过程中，可以通过三个问题来帮助我们保持对项目进行监控。

1. 项目的现状如何

通过这个问题来了解当前项目的进展状况。

2. 如果项目在执行过程中存在偏差的话，是什么引起了偏差

如果执行与计划间没有偏差，那说明状态良好。如果执行过程中出现了与计划的偏差，就需要进一步考虑是哪些原因造成了这种状况。

3. 应该怎么办

针对造成偏差的原因进行分析，找到解决方案，采取相应的行动。

（二）三种方法

在项目执行过程中，应对偏差主要有三种方法。

1. 忽略可容忍的偏差

项目中的不确定性会使项目的执行产生偏差。也就是说，任何项目都不可能做到100%按计划执行。但如果对于任何偏差我们都需要去干预的话，那么将在很大程度上影响项目执行的持续性。考虑到这一点，在项目执行过程中，我们可以对项目时间、成本等指标的实现设定一个偏差容忍的范围，作为采取应对行为的边界。如果偏差出现在容忍范围之内，我们就可以暂时忽略这个偏差。

例如，完成一个项目预计需要100天。我们设置的进度偏差容忍范围是10%。如果在项目的第十天我们发现进度落后了0.5天，进度偏差为5%，那么偏差是在容忍范围内。这时，我们就暂时不对进度的偏差施加管理手段，在保持对其监控的同时，继续执行项目。

2. 采取行动，使项目回到计划的轨道上

当我们发现偏差已经超出了容忍范围的时候，就需要施加管理手段纠正偏差。

例如，完成一个项目预计需要100天。我们设置的进度偏差容忍范围是10%。如果在项目的第十天我们发现项目进度落后了1.5天，进度偏差为15%，那么就必须将项目拉回到计划的轨道上来。

3. 重新修订计划

如果我们发现偏差不但超出了容忍的范围，而且偏差很大，以至于我们采取了干预手段后也很难让项目继续顺利地执行下去，那么这说明我们当初的计划不合理，或者当前的情况发生了很大的变化。在这种情况下，我们就不得不重新修订原有的计划，使其适合目前的状况。当新的计划获得批准后，我们就以新的计划为基准来

展开项目。

第二节 状态跟踪——对进展做到心中有数

为了保证在项目执行过程中能够对项目实施进行有效的监控，我们必须要通过对项目状态的跟踪来及时了解项目的进展。

一、项目会议

项目会议是跟踪项目状态的一种重要方式。除项目团队成员外，项目会议还应该邀请项目的重要干系人。

事实上，在项目执行过程中定期或不定期召开项目会议能够带来诸多的好处。比如，检查项目进展，解决出现的问题，发现和利用新的机会，提振团队的士气和热情，提高团队能力，通报项目信息，增进干系人沟通与管理，等等。

应该将每次的项目会议记录下来，整理后发送给相关人员。同时，将会议纪要作为项目资料留存下来。表 9-1 为项目会议纪要的参考模板。

表 9-1 项目会议纪要

项目名称：	项目经理：
会议议题：	会议时间：
会议地点： 主持人： 参加人员： 列席人员：	

（续表）

内容纪要：	
会议结论：	
记录人：	年　月　日
主送： 抄报： 抄送：	

很多时候，项目团队的工作例会是项目经理监控项目执行的有力手段。工作例会的举行周期可以根据项目周期来调整，如周期长的项目可以每周举行一次，周期短的项目可以两天或三天举行一次。

在工作例会上，每个团队成员对各自的工作进展进行汇报，以便团队全体人员都清晰了解目前项目状态，同时也会认识到自己的工作对于整个项目带来的贡献或不利影响。项目经理还要对接下来的工作，以及可能出现的新任务进行分配，提出相关要求。如果在项目工作中遇到了问题，可以在工作例会上对这些问题进行探讨，提出解决方案。并项目团队工作例会的内容也需要记录下来，作为团队达成的共识和管理参照。表9-2为项目团队工作例会纪要的参考模板。

表9-2　项目团队工作例会纪要

项目团队工作例会	
项目名称：	项目经理：
会议日期：	记录人：

（续表）

项目团队工作例会	
上周项目工作完成情况汇报	
1.	责任人：
2.	责任人：
3.	责任人：
……	……
本周项目工作安排	
1.	责任人：
2.	责任人：
3.	责任人：
……	……
问题与解决	
问题1： 解决方案： 问题2： 解决方案 ……	
其他	

二、项目进度跟踪

项目进度是项目状态跟踪的重要内容之一。而甘特图是比较直观的管理工具，可以清晰地反映出各项工作的实际进度与计划进度的差距，让管理者对目前的项目进展一目了然。图9-1为进度跟踪甘特图的示例。

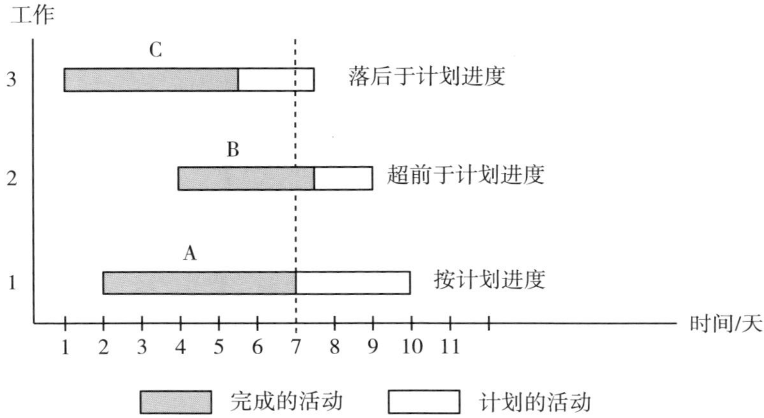

图9-1 进度跟踪甘特图

图9-1中，有A（第2~10天）、B（第4~9天）、（第1~8天）三项工作，三个长线条代表这三项活动的历时。每个长线条有灰、白两种颜色，灰色代表实际已经完成的活动，白色代表计划应该完成活动。

甘特图可以清晰地呈现出在第7天时这三项工作的进展状态。

- A：在第7天时，正好完成了需要完成的所有工作，说明它按计划进度进行。
- B：在第7天时，已完成的工作实际达到了7.5天的要求，说明它的实际进度超前于计划进度。
- C：在第7天时，已完成的工作实际只达到了5.5天的要求，说明它的实际进度落后于计划进度。

三、项目进展报告

通过各种方式跟踪到的项目执行情况应该及时向主要的项目干系人反馈，使他们了解项目状况，以便对项目的执行提供支持和帮助。

我们可以用项目进展报告的形式向项目干系人通报项目状况。为了使主要的项目干系人（老板、发起人、高管等）快速直观地了解项目的情况，项目进展报告应该清晰、简洁，采用表单的形式来报告是一种不错的选择。表9–3为项目进展报告的参考模板。

表9–3 项目进展报告

<table>
<tr><th colspan="5">项目进展报告</th></tr>
<tr><td colspan="2">**项目名称：**</td><td colspan="3">**项目经理：**</td></tr>
<tr><td colspan="2">**报告日期：**</td><td colspan="3">**呈 送 人：**</td></tr>
<tr><td colspan="5">项目整体健康情况
□ 按计划 □ 有风险 □ 有危险</td></tr>
<tr><td>各项主要项目工作进展</td><td>按计划</td><td>有风险</td><td>有危险</td><td>备注</td></tr>
<tr><td>1.</td><td></td><td></td><td></td><td></td></tr>
<tr><td>2.</td><td></td><td></td><td></td><td></td></tr>
<tr><td>3.</td><td></td><td></td><td></td><td></td></tr>
<tr><td>……</td><td></td><td></td><td></td><td></td></tr>
</table>

<table>
<tr><th colspan="4">问题与解决</th></tr>
<tr><td>问题</td><td>解决方案</td><td>负责人</td><td>完成日期</td></tr>
<tr><td>1.</td><td></td><td></td><td></td></tr>
<tr><td>2.</td><td></td><td></td><td></td></tr>
<tr><td>……</td><td></td><td></td><td></td></tr>
</table>

需要的支持
1.
2.
……

首先，对项目整体健康情况做一个评价；其次，就各项主要项目工作进展进行汇报，评估各项工作的当前状态，并说明原因；再次，就如何解决出现的问题进行汇报，主要包括问题名称、解决方案、负责人、完成日期；最后，如果项目中出现了一些项目经理也无法解决的事情，项目经理可以说明具体情况，并寻求其他主要干系人的支持。

需要说明的是，以上提供的项目进展报告表仅做参考。任何的管理模板表单应该不拘泥于形式，只要模板能够适合项目的特点，且满足管理的要求，就是适合的模板。

第三节　项目控制——让工作在既定的轨道上前行

通过跟踪项目的进展，可以发现项目中出现的问题，并使用管理手段进行控制。项目控制涉及项目变更、项目范围、项目时间、项目成本、项目质量、项目风险等诸多的方面，以下从四个方面来介绍项目控制。

一、项目变更控制

项目变更是高频率存在的一种现象。俗话说，“计划不如变化快”，无论我们的计划多么详细周密，项目变更都可能发生，因为项目内、外部所存在的不确定性带来的结果就是：“只有变才是唯一不变的。”

项目变更的来源多种多样，如客户要求、业务要求、老板意志、突发事件、环境变化等都会造成项目的变更。项目变更并不可怕，因为变更是不可避免的，可怕的是对需求的随意变更。我们最应该担心的事情不是项目的变更，而是对项目中的变更没有施加任何控制手段。

在对项目变更没有控制的情况下，项目相关方可能随意地提出变更要求，而项目执行方也毫无原则地接受变更要求，这样，项目会轻易地脱离既定目标。

| 管理启示 |

- 只有变才是唯一不变的。
- 项目变更并不可怕，可怕的是对需求的随意变更。

为了对项目变更进行控制，一方面可以在组织内部成立专门管理项目变更的机构——变更控制委员会（change control board，简称CCB），对项目变更进行评估和审批，使变更得到控制；另一方面，建立规范的项目变更管理流程，所有的项目变更均需要按照统一的标准进行。项目变更管理流程如图9–2所示。

- 编制项目计划书。如果项目计划书没有获得管理层批准，需重新编制项目计划书，并再次提交审批。
- 当项目计划书得到管理层批准，并经双方签字确认后，开始按照计划执行项目。
- 如果在项目实施过程中没有任何变更需求，则项目将按原计划进行，直至结束。
- 如果在项目实施过程中产生了变更需求，则需要对变更带来的影响进行评估。
- 如果经过评估后发现变更影响较大，变更不可行，则无法进行变更，继续按原计划实施。
- 如果经过评估后发现变更要求确实存在适当的理由，变更是可行的，则需要提交给变更控制委员会评估和审批。
- 如果变更申请未能获得变更控制委员会的批准，则依旧按原计划实施项目，或重新修改变更申请，再次申请变更。

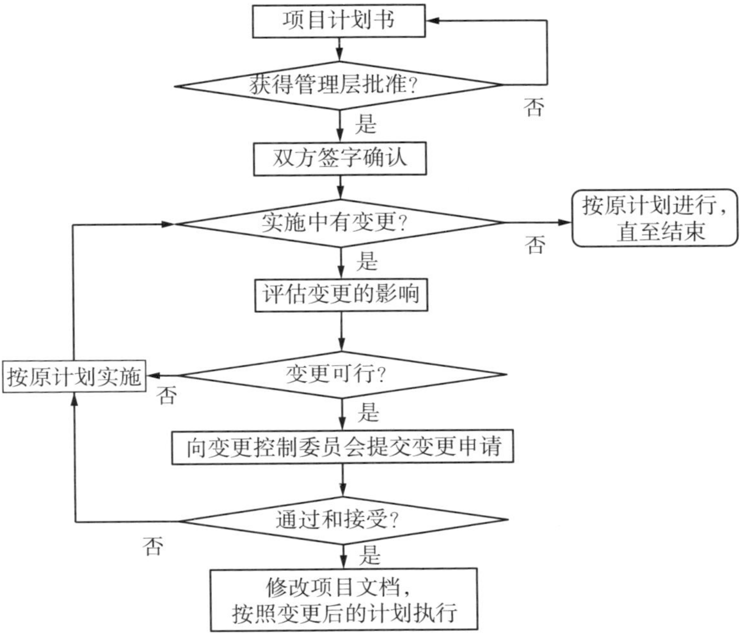

图9-2 项目变更管理流程

- 当变更申请获得了变更控制委员会的批准，就需要依照批准的变更内容来修改项目文档，并基于新的计划来执行项目。

值得一提的是，很多的变更都发生在变更申请方没有清晰地认识到变更所带来的影响情况下。他们可能以为，其变更要求只是一件很小的事，不会给项目带来什么影响。但是，在规范的项目变更流程中，当项目经理对项目变更的影响进行评估并与变更申请方进行沟通后，对方才会意识到，原来变更产生的结果是远远超乎其意料的，而这种变更结果未必是他所希望的。

此外，规范的变更流程会使项目变更产生额外的成本，变得更加麻烦，这也会使不少要求变更的“投机分子”望而却步。

可以设计项目变更申请表和项目变更审批表作为项目变更标准化模板，如表9-4和表9-5所示。

表9-4 项目变更申请表

项目名称：	
项目经理：	
变更申请人： 部门： 职务：	
变更申请日期：	
变更描述：	
变更理由：	
批准人：	批准日期：

表9-5 项目变更审批表

项目名称：	项目编号：	时间：
项目经理： 变更申请方：	部门：	变更涉及： □ 工作范围 □ 时间进度 □ 成本 □ 工作绩效
变更差异说明： 申请变更的描述： 变更原因： 对进度计划的影响： 对费用的影响： 对绩效的影响： 对工作范围的影响： 变更的正当理由：		

（续表）

类别	估计费用差异的分配情况	要求的变更	
生产性资料		☐ 对达到与其结果非常必要	☐ 工作范围小、但不影响原计划目标
非生产性资料		☐ 便于实施，对原计划目标提供额外好处	☐ 工作范围小、影响原计划目标
需要的批准			
项目负责人		签字：	日期：
总经理		签字：	日期：
……		签字：	日期：

二、项目范围控制

项目范围控制强调的是为了达成项目目标，工作既不能少做，也不能多做，正好满足范围要求即可。

如果工作有漏项，这可能会对项目的实现造成不小的影响，甚至给项目结果带来灾难性的后果。比如，安排一次培训活动。如果是忘记印制学员手册，培训虽然还可以进行，但会在很大程度上影响培训的效果；如果忘记邀请授课讲师这项工作，这样的漏项会直接导致项目失败。

那么，对于超出项目范围是否是多做一些会更好呢？答案是否定的。因为项目范围就是为了实现项目目标所需要做的工作，这意味着，超出项目范围的工作对实现项目目标是没有帮助的，会对时间、成本、资源等各方面造成浪费。更重要的是，这些超出项目范围的工作未必一定会提升客户的满意度。

因此，在项目执行过程中，不要让项目工作超出既定的范围。这里需要注意避免两种状况的发生：一种是范围蔓延（scope creep）；另一种是镀金（gold-plating）。

范围蔓延是指没有经过正常的范围变更控制程序批准，直接增加了的超出原工作范围的工作。也就是说，客户提出了变更的要求，而我们没有通过任何的管理流程就认可了客户的变更要求。

假如你是一个软件开发项目的项目经理。

客户突然向你提出，需要增加一个功能模块。你认为客户的意见有道理，为了让客户满意，在没有经过项目变更控制程序审批的情况下，同意了客户的要求。

一个星期后，你发现，为了帮助客户实现新增的功能，项目陷入了一个很大的困境。新增的工作不仅仅是开发一个功能模块那么简单，而且还涉及整个软件的架构调整，以及各功能兼容等诸多问题，项目进度因此延误。

你与客户就此情况进行沟通，希望对方能为此追加费用，并延迟项目交付的时间。但是，客户坚持要求按照合同金额来结算，同时客户还坚持要求项目团队按照原定的时间完成项目。

所谓镀金是指那些在项目范围以外项目团队主动增加的工作。

上面的案例是，在没有经过正式程序的情况下，客户要求增加工作内容，项目经理擅自同意后导致项目出现问题。下面这个案例是，客户自己没有要求增加工作，我们主动为客户增加了工作，从而导致项目出现问题。

假如你是一个装修项目的项目经理。

业主要求，对客厅墙面刮大白即可。当你把墙面处理好后，你想，这么好的客厅为什么墙面不上涂料？正好你有一些多余的涂料，你就主动帮业主把客厅给上了涂料。

几天后，业主进门到客厅的墙面就火冒三丈："我跟你说过，墙面只需刮大白就可以，为什么还要上涂料？之所以只刮刷大白，因为我还有其他用处。你赶快给我复原！"

结果就是，你浪费了人力、物力、时间和成本，这样的"好心"不但没有带来好报，反而引起了客户的极大不满。

因此，在项目执行过程中，我们的工作既不能少做，也不能多做。所以，我们需要在每个项目阶段、重要项目节点处核实项目的范围。也就是在项目执行过程中，及时对范围进行核实，看看是否都做了应该做的工作。

编制项目工作的任务清单是一个不错的范围核实的方法，任务清单可以有效地帮助我们去检查各项工作的完成情况。

作为职业培训师，我经常会出差授课。为了保证培训前充分完成相关准备工作，我会给自己编制一个训前准备工作核对清单，如表9-6所示。在每次培训前，我都会对照清单一边打对号一边核实各项准备工作，这样就可以避免遗忘重要的事项。

表9-6　训前准备工作核对清单

一、　授课工作准备清单

- □ 教学PPT修改完毕
- □ 学员手册修改完毕
- □ 电脑正常工作
- □ 教学PPT检测（动画播放顺序无误、视频播放正常、超级链接有效）
- □ U盘备份教学PPT
- □ 移动硬盘电脑资料备份
- □ 授课案例编写完毕
- □ 备课（特别注意对已升级修改部分内容的熟悉，以及与整体内容的融合）

（续表）

二、 个人物品清单

□ 身份证
□ 笔记本电脑、电源线
□ 手机（充好电）、电源线
□ 充电宝（充好电）、数据线
□ 眼镜、眼镜盒
□ 翻页笔、7号电池
□ 教学PPT备份U盘
□ 水杯、茶叶
□ 剃须刀
□ 服装（西服一套、内衣等）
□ 日记本、笔、书
□ 旅行箱、双肩包
□ 现金

三、 行程安排

□ 往返火车（飞机）票已预订
□ 下榻宾馆已预订
□ 查询火车站（机场）到酒店的行程路线
□ 查询酒店到培训场地的行程路线

四、 课前准备清单

□ 教室桌椅按要求布置完毕
□ 学员提前分组安排完毕
□ 学员桌牌准备完毕
□ 投影仪、音响设备、无线话筒调试完毕
□ 教学物品（纸、白板、记号笔、即时贴等）准备完毕
□ 茶歇物品准备完毕
□ 优胜组学员奖品准备完毕
□ 学员培训发票开具

管理启示

- 项目范围控制强调的是为了达成项目目标，工作既不能少做，也不能多做，正好满足范围要求即可。

三、项目进度控制

在项目实施过程中，对于进度控制的重点是确保项目不要延期。项目进度控制的方法一般有两种：赶工（crashing）和快速跟进（fast tracking）。

赶工是指通过权衡成本与进度，确定如何以最小的成本来最大限度地加快进度。如加班、增加人员、添加机器设备等都是比较常见的赶工方式。

快速跟进是指把正常情况下按顺序执行的活动或阶段并行执行。如原来的工作流程是先设计、再施工、后验收。为了加快进度，可以将工作流程调整为边设计、边施工、边验收。

四、项目成本控制

项目成本控制是在项目实施过程中尽量使项目实际发生的成本控制在项目预算范围内的一项项目管理工作。

对于非专业的项目经理来说，不需要用复杂的方法来控制成本，只需要在每个项目阶段或重要项目节点，清楚掌握项目的成本状况即可。可以用项目费用报告的形式来对项目成本执行情况进行总结。费用报告采用表单的形式比较直观，如表9-7表示。项目费用报告中包括各项费用的预算支出和实际支出。支出科目可以按照人工费、材料费、设备费等来分类，也可以按照更适合实际项目管理要求的方式来分类。

表9-7　项目费用报告

支出科目		预算支出	实际支出	备注
人工费				

（续表）

支出科目		预算支出	实际支出	备注
材料费				
设备费				
咨询服务费				
交通差旅费				
应急储备				
……				
合计				

值得一提的是，项目成本控制并不是仅仅强调将费用支出控制在预算范围内。换句话说，项目是否按照预算执行不是评价项目费用支出有效性的唯一标准。

有时，项目的支出超出预算不一定是坏事，可能是因为项目进度超前。项目进度超前带来的是更多的人力、物力、资源的消耗，因此预算中的一部分钱已经提前花出去了。有时，项目的支出低于预算也不一定是好事，可能是因为项目进度滞后。项目进度滞后使一些原本计划内需要的人力、物力、资源等都暂时没有进入项目中，造成该花的钱还没有花出去。

因此，只有依据项目进度和成本的执行情况进行综合考虑，才能更有效地控制项目的成本。

小 结

计划是实现项目目标的蓝图，但计划不等同于成果。要让计划得以实现，并输出预计的项目成果，不但需要按照计划执行项目，还要在项目的执行过程中进行严密的监控，并及时施加管理手段，让项目中的各项工作都在掌控之中。

项目变更、项目范围、项目进度、项目成本、项目质量、项目风险等都是执行与监控过程中的重要内容。

强调对过程的管理是项目管理的重要管理理念之一。好的结果都是基于科学合理的计划并通过有效的过程管理来达到的。

第十章 以终为始、持续改进

收尾是呈现工作结果的重要环节，但在很多时候，我们对于收尾工作的处理往往是比较随意和草率的。行百里者半九十，项目收尾的过程，要避免“虎头蛇尾”和“有头无尾”。

项目的收尾主要涉及两个方面的工作：一是管理收尾；二是合同收尾。如表10-1所示，项目收尾的过程和输出展示了收尾过程的基本内容。

表10-1 项目收尾的过程和输出

知识领域	过程	输出
沟通	管理收尾	项目档案
		正式验收
		经验教训
采购	合同收尾	合同文件
		正式验收和收尾

第一节 管理收尾，结束是为了更好的开始

管理收尾涉及为了使项目干系人对项目产品的验收正式化而进行的项目成果验证和归档，具体包括收集项目记录、确保产品满足商业需求和将项目信息归档等。

一、编写文档，让工作有据可查

事实上，为项目建立文档的工作应该在项目执行前展开，而且需

要对项目文档的输出格式、描述质量、具体内容等进行明文规定，并指定专门的文档管理员进行统一管理。在项目执行过程中，每一个阶段都必须将相应的文档提交给文档管理员进行统一的归档管理。

在项目的收尾阶段，需要将在项目全过程中形成的文档汇总、归类和保存。项目文档是项目重要的历史资料，是记录项目全过程的书面文件和材料，可以使项目工作有据可查。

二、做好验收，把好结束的关口

项目越接近结束，越要严谨细致，不能让项目倒在距离成功的最后一步上。在项目验收时，应该逐一检查相关的项目工作是否已经按要求实现。

- 项目范围说明书里规定的所有任务是否都已经完成了？
- 双方事先约定的所有可交付成果是否都已经实现了？
- 项目相关的文档、资料是否都已经提交给客户了？

除了进行核实自检外，还应该组织项目评审会，按照要求进行工作汇报。同时，接受客户（委托方）对项目的评审验收。

三、总结工作，改过迁善

（一）项目总结，改过迁善

《易经·益》中写道："君子以见善则迁，有过则改。"这句话的意思是，一个人见到好的事情就要努力学习，有了错误就要马上改正。

在项目收尾时，对项目工作的总结和回顾是必不可少的。总结和回顾能够帮助我们将有益的经验沉淀下来，并在组织内部推广应用，可以帮助我们纠正和完善存在的不足之处，可以推动我们在未来的项目中持续改进。

任何人都是在不断的试错中成长起来的，而一个从来不犯错的人只能在原地踏步。所以，犯错并不可怕，可怕的是从不犯错，

另外，并非犯错就一定能够成长。如果犯了错，能够及时改正错误，提升能力，并在未来避免同样的问题的发生，那么这个错就犯得有价值；如果犯了错，但没有从中学到任何东西，没有自我提升，那么这个错就犯得没有意义。

戴维·加尔文在《学习型组织行动纲领》中强调，学习型组织的快速诊断标准之一是“不犯过去曾犯过的错误”，我们的古人也常说“不贰过”。所以，犯错并不可怕，最可怕的是重复犯相同的错。

项目的总结工作一般可以包括几个方面的内容：

- 项目时间、范围、成本等实现情况；
- 项目交付成果的质量情况；
- 项目合同的执行情况；
- 项目团队的工作情况；
- 客户关系；
- 在项目执行过程中获得的经验及教训。

| 管理启示 |

- 犯错并不可怕，可怕的是从不犯错，更可怕的是重复犯相同的错。

(二)借助复盘，持续改进

所谓复盘，是指在一件事情做完后，再把它重新摆出来回顾一下整个过程，分析成败的原因，总结好的经验，并指导下一步的行动计划。复盘本来是围棋中的一个术语，是指下完一盘棋后，棋手重新把下过的棋摆一遍，在这个过程中，来检讨双方在具体招法上的得失，尝试研究出更佳的应对手段。通过这种方式，棋手可以快速积累经验，提高棋艺。

将“复盘”引用到企业管理中，是联想集团的创始人柳传志先生

的创新。他在阅读《曾国藩》一书时，曾国藩的一个习惯让他受到了启发。曾国藩每做完一件大事后，会点一炷香，然后静下心来把整个事情的过程仔细回顾一遍，分析自己在行动上的得失。这就类似于围棋的复盘。2001年，柳传志将“复盘”的理念引入了联想集团，并在公司内部开始推广。2011年，结合联想集团多年的经验，联想集团将这一方法进行了研究和整理，形成了一套结构化的规范方法，并且在全球范围内推广使用。

目前，作为推动组织持续进步的一个有力工具，复盘这种工作总结和回顾的方式正被越来越多的企业所青睐。复盘的基本流程：回顾目标→评估结果→分析原因→总结经验。如表10-2所示。

表10-2 复盘的基本流程

步骤	复盘内容	意图
回顾目标	▪ 当初行动的意图或目的是什么？ ▪ 想要达到的目标是什么？ ▪ 我们预先制订的计划是什么？ ▪ 实现设想要发生的事情是什么？	回顾项目的背景、目标、计划，以及与项目相关的事件、活动
评估结果	▪ 实际发生了什么？ ▪ 在什么情况下发生的？是怎样发生的？ ▪ 与目标相比，哪些地方做得好，哪些未达预期？	了解结果及其形成的过程，并与预期进行对比，找到成功与不足之处
分析原因	▪ 实际情况与预期有无差异？ ▪ 如果有，为什么会发生？是哪些因素造成了我们没有达到预期目标？失败的根本原因是什么？ ▪ 如果没有，成功的关键因素是什么？	发现差异，并尝试找到造成差异的原因和成功因素
总结经验	▪ 我们从中学到了什么新东西？ ▪ 如果有人要进行同样的行动，我会给他什么建议？ ▪ 接下来，我们该做什么？哪些是我们可以直接行动的？哪些是其他层级才能处理的？是否要向上呈报？	总结经验教训，并且采取行动，推动持续改进

我们在进行复盘时，可以参考表10-3。

表10-3　复盘模板

主题		时间	
地点		参加人	
事件/活动概况描述			
1.回顾目标	2.评估结果	3.分析原因	4.总结经验
初衷：	亮点：	成功关键因素：	关键发现：
目标/关键结果：	不足：	失败根本原因：	行动计划：

四、论功行赏，关注贡献

在项目收尾过程中，要对项目成员的工作进行评估。对项目有贡献的团队成员都应该进行奖励；对表现突出的团队成员可以重点表彰。建议这一过程主要以正面激励为主，更多关注的是团队成员为实现项目目标所做出的贡献。对于项目实施过程中的负面影响和消极行为，可以在项目总结和复盘时进行检讨，并遵循对事不对人的原则。

发放项目奖金是一种常见的奖励方式。举办项目庆功会也是一种很好的项目收尾活动。项目庆功会不仅可以向内、外部宣告项目的成功，而且也是彰显项目价值和提振团队士气的有力措施。

此外，不要忽略庆功会在促进干系人关系方面的重要作用，建议邀请重要的项目干系人参与项目庆功会，有利于建立起良好的干系人关系，为未来的工作打好基础。

一个有效的庆功会包括以下内容：

- 主题和活动设计紧紧围绕所完成的项目；
- 通告项目目标的达成和项目的圆满完成；
- 向全体项目成员及干系人表示慰问和感谢；
- 对团队成员的贡献给予充分的认可，表彰先进成员；
- 让团队成员感到参与项目的成就感和自豪感；
- 增进与主要干系人的关系，赢得理解和认可；
- 制造欢快的节日氛围，增加有趣的互动环节；
- 分享感悟与收获，巩固和传递价值理念。

五、回馈感谢，巩固关系

虽然我们可以邀请某些重要的干系人参加项目庆功会，但是仍然有很多项目干系人会因为各种原因无法出席会议，或是没有被邀请参与会议。在这种情况下，我们有必要通过其他的方式向相关干系人通报项目的结束。

在项目结束时，如果我们忽视了向相关干系人通报有关信息的这一环节，那么让我们看一下将会发生什么吧。

A是某项目的项目经理。

B是某部门的一位技术专家，曾为A的项目提供过技术支持。

A的项目结束两周后，A和B在会议室相遇。

B问："你的那个项目现在进展还顺利吗？是不是也快结束了？"

A答："那个项目……哦，对了，那个项目上个月底就已经结束了。"

B吃惊地问："啊？已经结束两个星期了，之前怎么没有听你说过呀！"

A道："抱歉！项目结束的那段时间太忙了，忘了告诉您。非常感谢您的帮助，以后的项目还需要您多多支持呀！"

B道："好的，没问题。"（实际上，B可能会很不满。B可能会在心里嘀咕："哼！说得好听。要真想感谢我，怎么会在项目结束了也不跟我打招呼？找我帮忙的时候，怎么没有忘记？下次再找我帮忙的话，我就敷衍你一下。"）

因此，在项目结束时，我们必须要向项目干系人通报项目结束的信息，而这一过程也可以被视为与干系人增进关系的良好机会。

我们可以根据情况，用电子邮件、纸质通知、公告等形式向所有干系人通告项目结束，并对他们在项目中给予的支持和帮助表示感谢。

在采用电子邮件或纸质通知时，可以使用统一的正文内容，但是更好的方式是，针对不同干系人所提供的支持，可以采取个性化的答谢内容，这样能够让相关人员更加感受到我们真诚的谢意。如果干系人较多，很难做到一一答谢，那么至少应该针对重要干系人编写个性化的答谢内容。以下是一封个性化感谢函的示例。

王勇经理：

您好！

ABC项目在2017年12月31日正式结束了。这个项目从2017年4月1日开始，一共历时8个月，终于取得了圆满的成功。

我们项目团队在2018年1月7日为祝贺项目的胜利完成举办了欢庆晚会。我们张总和客户方的代表，以及其他一些与项目工作有关的内部同事、外部合作人员都受邀参加了活动。非常遗憾的是，由于您出差在外，无法亲临。

晚会中，张总和客户方代表都做了发言，积极肯定了本次项目的成功。我和项目团队的同事们都感到非常自豪和欣慰。同时，我们非常感谢大家在项目执行过程中给予的支持和帮助，没有这一点，项目要想获得圆满的成功是不可能的。

让我印象深刻的是，在去年7月份，您无私地将本部门的业务骨干小李调配到我们项目团队，保证了项目在关键环节上的进度。记得9月份，咱们在私下交流项目团队的管理问题时，您当时给我提供的几条建议让我受益匪浅。我后来在团队管理时进行了运用，效果真是不错，以后还要多向您学习。

再次衷心感谢您在项目实施过程中给予的大力支持和帮助，未来您要是有什么需要我配合的，请及时告知，我也会尽力而为的。

好了，不多说了。等您出差回来后我当面感谢吧。

祝好！

ABC项目经理　李明

2018.01.09

我认为，在编写类似的感谢函时，最重要的就是清晰地描述所要传递的信息，力求通过字里行间让对方感受到自己的真诚。编写感谢函的文笔并不是很重要。当然，针对不同的干系人，个性化感谢函的写法要有所区别。对方职务越高，感谢函的书写应该越正式。如果对方与自己的私人关系较好，感谢函的书写就可以非正式和轻松活泼些，在称谓上，可以用“你”，也可以直呼其名。

此外，我还想推荐一种方式。在正式通报项目结束时，我们还可以购买一些明信片、小礼物或纪念品赠送给项目的重要干系人。例如，在明信片上既可以通报项目结束，也可以对对方在项目实施过程中给予的支持和帮助表示感谢。

通过向项目干系人通告项目结束和表示感谢，可以使项目干系人感受到自己的付出获得了认可和尊重，有助于增进项目干系人对项目和项目经理的认可，有助于巩固良好的人际关系，有助于在未来其他项目中赢得他们的持续支持和帮助。

第二节 合同收尾，按合同办事

合同收尾就是依照合同内容核实项目结果，并确定是否完成了合同的所有要求，是否可以结束项目，主要包括合同条款核实、项目移交评审、合同文件归档。

一、合同条款核实

合同条款核实就是按照合同条款逐项核实，以确保项目的执行满足了合同的要求，并在此基础上结清相关账目。

二、项目移交评审

项目移交评审就是项目团队在将项目的产品、服务或管理过程移交给最终用户之前对项目的范围、交付成果的技术性能等进行检查，确保项目移交给客户时能够满足其要求。同时，对移交后的服务（如培训、担保等）进行确认。另外，客户也要对项目进行全面审核。

三、合同文件归档

合同文件归档主要是在对合同的执行结果进行验收与确认的基础上，对合同的正、副文本，以及补充协议、备忘录、变更记录等文件进行整理和存档。

合同收尾的原则可以概括为：白纸黑字，按合同办事。相对于管理收尾来说，合同收尾属于技术性的工作。由于本书关注的是项目管理思维方式的揭示与借鉴，因此对于合同收尾的内容不做过多的叙述。

当我们将管理收尾和合同收尾都完成了，一个项目才算结束。

管理启示

- 行百里者半九十。项目收尾的过程要避免“虎头蛇尾”和“有头无尾”，不要让项目倒在距离成功的最后一步上。

小　结

行百里者半九十，很多项目都是由于不重视收尾而倒在了距离成功最后的一步上。

项目收尾包括管理收尾和合同收尾两个部分。

此外，要注意收尾过程中的一些操作细节，如举办组织项目庆功会、向干系人通报项目结束、表达谢意等。

一个项目的结束意味着一项新工作的开始。做好收尾工作，以终为始，持续改进，让每个项目的结束都为新工作带来良好的开始。

附录

附录一　项目范围说明书模板

项目范围说明书

一、项目综述（提供项目名称、客户名称、项目经理以及项目发起人姓名等与项目相关的一般信息）

项目名称：　　　　　　　　　　　　　　　　起草人：

项目经理：　　　　　　　　　　　　　　　　日期：

项目发起人：　　　　　　　　　　　　　　　发布日期：

二、项目论证（立项理由及结果）

三、项目范围描述（根据项目规划中项目任务描述和需求说明对项目范围进行详细确定）

四、项目任务说明（根据项目规划中的项目描述、成果需求对项目任务及可交付成果进行详细描述）

五、例外说明（确定不属于项目范围的工作或任务，包括相关的业务要求）

六、项目验收标准（此处需说明项目完成后和项目进行过程中各阶段的验收标准，并明确不满足验收标准的处理措施）

七、项目风险说明（应对项目实施过程中可能出现的风险进行说明，并制订出风险应对办法）

八、项目进规定（需对项目开始时间、硬性交付日期进行说明，以便控制项目进度）

九、项目成本规定（确定项目预算上限和项目成本管理措施等）

十、项目的假设前提与约束条件（略）

十一、其他事项说明（略）

（续表）

编制人员		审核人员		批准人员	
编制日期		审核日期		批准日期	

附录二 项目进度计划表

项目任务分解		持续时间	最早时间		最迟时间		实际时间		完成情况
			开始	完成	开始	完成	开始	完成	
1.	1.1								
	1.2								
2.	2.1								
	2.2								
3.	3.1								
	3.2								
……									
备注									

附录三 项目里程碑计划模板

序号	里程碑事件	交付成果	完成时间
1			
2			
……			

附录四 项目资源需求计划表

<table>
<tr><th colspan="8">人员计划</th></tr>
<tr><th colspan="2">类别</th><th colspan="2">计划人数</th><th colspan="2">目前已到岗人数</th><th colspan="2">其他人员到岗时间</th></tr>
<tr><td colspan="2">系统人员</td><td colspan="2"></td><td colspan="2"></td><td colspan="2"></td></tr>
<tr><td colspan="2">开发人员</td><td colspan="2"></td><td colspan="2"></td><td colspan="2"></td></tr>
<tr><td colspan="2">测试人员</td><td colspan="2"></td><td colspan="2"></td><td colspan="2"></td></tr>
<tr><td colspan="2">合计</td><td colspan="2"></td><td colspan="2"></td><td colspan="2"></td></tr>
<tr><td colspan="8">仪器仪表、工具软件计划（列出本项目正在使用或计划购买的所有设备）</td></tr>
<tr><td colspan="2">已经投入</td><td colspan="2"></td><td></td><td></td><td></td><td></td></tr>
<tr><td colspan="2">系统设计阶段到位</td><td colspan="2"></td><td></td><td></td><td></td><td></td></tr>
<tr><td colspan="2">详细设计阶段到位</td><td colspan="2"></td><td></td><td></td><td></td><td></td></tr>
<tr><td colspan="2">其他阶段到位</td><td colspan="2"></td><td></td><td></td><td></td><td></td></tr>
<tr><td colspan="8">经费计划（单位：万元）</td></tr>
<tr><td>人员工资</td><td colspan="3">人/年 × 平均工资</td><td>奖金</td><td></td><td>试制费用</td><td></td></tr>
<tr><td>差旅应酬</td><td></td><td>测试费用</td><td></td><td>仪器仪表及
工具软件</td><td></td><td>其他费用</td><td></td></tr>
<tr><td>总费用</td><td colspan="7"></td></tr>
</table>

附录五 项目资源管理一览表

资源种类	资源名称	资源数量	资源单价	总额	备注
人力资源					
设备					
原材料					
……					
总计					
填表人		项目经理		日期	

附录六 项目成本费用预算表

项目名称： 编制日期： 年 月 日

项目阶段	工作	时间		每日费用	工作日数	预计费用
		开始	完成			
项目计划与准备						
项目设计						

（续表）

<table>
<tr><td rowspan="3">项目实施</td><td></td><td></td><td></td><td></td><td></td><td></td></tr>
<tr><td></td><td></td><td></td><td></td><td></td><td></td></tr>
<tr><td></td><td></td><td></td><td></td><td></td><td></td></tr>
<tr><td rowspan="2">项目验收</td><td></td><td></td><td></td><td></td><td></td><td></td></tr>
<tr><td></td><td></td><td></td><td></td><td></td><td></td></tr>
<tr><td>项目交付</td><td></td><td></td><td></td><td></td><td></td><td></td></tr>
<tr><td colspan="5">合计</td><td></td><td></td></tr>
</table>

审核人：　　　　　　　　　　　　　　　　　　制表人：

附录七　项目成本费用执行分析表

项目名称：　　　　　　　　　　　　　　　　　　编制日期：　年　月　日

<table>
<tr><td>进度</td><td colspan="2">已完成项目进度</td><td colspan="3"></td><td colspan="3">尚有主要项目任务</td><td colspan="3"></td></tr>
<tr><td rowspan="2">成本</td><td colspan="2">已累计产值</td><td colspan="3"></td><td colspan="3">距完工尚可报产值</td><td colspan="3"></td></tr>
<tr><td colspan="2">预算成本</td><td colspan="3"></td><td colspan="3">预计最终成本</td><td colspan="3"></td></tr>
<tr><td rowspan="2">费用</td><td colspan="4">至现在累计费用</td><td colspan="2">至完成预计费用</td><td colspan="4">最终费用预计</td></tr>
<tr><td>预算费用</td><td>实际费用</td><td>增加额</td><td>增加率</td><td>预算费用</td><td>预计费用</td><td>预算费用</td><td>预计费用</td><td>预计增加额</td><td>预计增加率</td></tr>
<tr><td>人工费用</td><td></td><td></td><td></td><td></td><td></td><td></td><td></td><td></td><td></td><td></td></tr>
<tr><td>材料费用</td><td></td><td></td><td></td><td></td><td></td><td></td><td></td><td></td><td></td><td></td></tr>
</table>

（续表）

设备费用									
管理费用									
差旅费用									
固定资产折旧									
低值易耗品摊销									
保险费									
检验试验费									
维修费用									
外协费用									
广告费用									
税费									
其他									
合计									

附录八 信息沟通报告表

<table>
<tr><td>报告时间</td><td>年 月 日至 年 月 日</td></tr>
<tr><td colspan="2">一、自上一次报告以来的主要成就</td></tr>
<tr><td colspan="2"></td></tr>
<tr><td colspan="2">二、项目实施的当前状态</td></tr>
<tr><td>进度执行情况</td><td></td></tr>
</table>

（续表）

费用执行情况	
质量执行情况	
范围完成情况	
三、上次报告会发现问题的解决情况	
四、项目当前出现或预见可能出现的问题	
具体问题描述	
解决方案/措施	
五、下次报告期拟实现的重大事项	

附录九 项目风险一览表

编号		填表人		填表日期		
项目名称				项目经理		
风险编号	风险名称	风险类别	发生概率	风险期望值	风险后果	风险等级

附录十　项目风险监控记录表

<table>
<tr><td>项目名称</td><td colspan="3"></td></tr>
<tr><td>项目状况</td><td colspan="3"></td></tr>
<tr><td>风险名称</td><td></td><td>风险编号</td><td></td></tr>
<tr><td>风险成因及风险值</td><td colspan="3"></td></tr>
<tr><td rowspan="3">风险的应对</td><td>措施</td><td colspan="2"></td></tr>
<tr><td>责任人</td><td colspan="2"></td></tr>
<tr><td>期限</td><td colspan="2"></td></tr>
<tr><td>风险应对措施的有效性</td><td colspan="3"></td></tr>
<tr><td>实际风险损失</td><td colspan="3"></td></tr>
<tr><td>记录人</td><td></td><td>日期</td><td></td></tr>
<tr><td>批准人</td><td></td><td>日期</td><td></td></tr>
</table>

附录十一　项目进度跟踪表

<table>
<tr><td colspan="2">项目名称</td><td colspan="4"></td><td colspan="2">项目编号</td><td colspan="2"></td></tr>
<tr><td colspan="4">任务/活动</td><td colspan="3">总体状况</td><td rowspan="2">备注</td><td colspan="2">验收信息</td></tr>
<tr><td>序号</td><td>名称/描述</td><td>优先</td><td>计划起止时间</td><td>跟踪日期</td><td>进度</td><td>完成率</td><td>验收人</td><td>验收时间</td></tr>
<tr><td></td><td></td><td></td><td></td><td></td><td></td><td></td><td></td><td></td><td></td></tr>
</table>

（续表）

附录十二　进度偏差控制表

<table>
<tr><td>编号</td><td></td><td>填表人</td><td></td><td>填表日期</td><td></td></tr>
<tr><td>项目名称</td><td colspan="3"></td><td>项目经理</td><td></td></tr>
<tr><td>项目目前进度情况</td><td colspan="5"></td></tr>
<tr><td>与原进度计划偏差</td><td colspan="2">偏差描述</td><td colspan="3">偏差原因</td></tr>
<tr><td>影响进度人员签字</td><td colspan="2"></td><td>日期</td><td colspan="2"></td></tr>
<tr><td>为恢复进度采取的行动</td><td colspan="5"></td></tr>
<tr><td>为恢复进度需追加的人力、物力等资源</td><td colspan="5"></td></tr>
<tr><td>项目经理对恢复进度前景的描述</td><td colspan="5">签字：　　　　　　日期：　年　月　日</td></tr>
</table>

附录十三　项目总结报告表

<table>
<tr><td>项目名称</td><td colspan="2"></td><td>项目经理</td><td></td></tr>
<tr><td rowspan="4">项目总体描述</td><td>成果</td><td colspan="3"></td></tr>
<tr><td>起止日期</td><td colspan="3"></td></tr>
<tr><td>总成本</td><td colspan="3"></td></tr>
<tr><td>使用技术</td><td colspan="3"></td></tr>
<tr><td rowspan="3">项目评价</td><td>与用户需求的符合程度</td><td colspan="3"></td></tr>
<tr><td>成功之处</td><td colspan="3">（包括具体原因分析，可另附页）</td></tr>
<tr><td>失败之处</td><td colspan="3">（包括具体原因分析，可另附页）</td></tr>
<tr><td colspan="2">项目管理的手段和技术，以及对它们的评价</td><td colspan="3"></td></tr>
<tr><td colspan="2">项目团队的建议及对以后项目的经验或教训</td><td colspan="3"></td></tr>
<tr><td colspan="2">最终项目甘特图</td><td colspan="3">（可另附页）</td></tr>
<tr><td colspan="2">所有可交付成果的附件</td><td colspan="3">（可另附页）</td></tr>
</table>

附录十四　通用项目合同履行情况跟踪表

<table>
<tr><td colspan="3">项目名称</td><td colspan="2"></td><td>填写日期</td><td colspan="2"></td></tr>
<tr><td colspan="3">合同名称</td><td colspan="2"></td><td>合同编号</td><td colspan="2"></td></tr>
<tr><td colspan="3">承包单位</td><td colspan="2"></td><td>资质等级</td><td colspan="2"></td></tr>
<tr><td>序号</td><td colspan="2">内容</td><td colspan="5">（招投标、合同的规范性等）</td></tr>
<tr><td>1</td><td colspan="2">合同订立</td><td colspan="5"></td></tr>
<tr><td>2</td><td colspan="2">质量控制</td><td colspan="5"></td></tr>
<tr><td>3</td><td colspan="2">时间控制</td><td colspan="5"></td></tr>
<tr><td>4</td><td colspan="2">成本控制</td><td colspan="5"></td></tr>
<tr><td>5</td><td colspan="2">合作配合情况</td><td colspan="5"></td></tr>
<tr><td>6</td><td colspan="2">其他情况</td><td colspan="5"></td></tr>
<tr><td colspan="3">对合作单位的综合评价</td><td>□优秀 □良好
□一般 □较差</td><td colspan="3">是否推荐列入长期合作方数据库</td><td>□是 □否</td></tr>
<tr><td colspan="2">1</td><td>质量控制</td><td>□优秀 □良好
□一般 □较差</td><td colspan="4">（填表/负责人签字）</td></tr>
<tr><td colspan="2">2</td><td>时间控制</td><td>□优秀 □良好
□一般 □较差</td><td colspan="4"></td></tr>
<tr><td colspan="2">3</td><td>合作配合</td><td>□优秀 □良好
□一般 □较差</td><td colspan="4"></td></tr>
<tr><td colspan="2">4</td><td>报价合理</td><td>□优秀 □良好
□一般 □较差</td><td colspan="4"></td></tr>
<tr><td colspan="2">5</td><td>现场管理</td><td>□优秀 □良好
□一般 □较差</td><td colspan="4"></td></tr>
<tr><td colspan="2">6</td><td>技术实力</td><td>□优秀 □良好
□一般 □较差</td><td colspan="4"></td></tr>
<tr><td colspan="2">7</td><td>经济实力</td><td>□优秀 □良好
□一般 □较差</td><td colspan="4"></td></tr>
</table>

附录十五　合同履行评估报告模板

<table>
<tr><td>工程名称</td><td colspan="5"></td></tr>
<tr><td>承包人</td><td colspan="3"></td><td>联系人</td><td></td></tr>
<tr><td>合同名称</td><td colspan="5"></td></tr>
<tr><td>合同编号</td><td colspan="3"></td><td>合同金额</td><td></td></tr>
<tr><td>呈报（委托）内容</td><td colspan="5"></td></tr>
<tr><td colspan="6">合同条款履行综合评估</td></tr>
<tr><td>合同工作内容完成情况评估</td><td colspan="5"></td></tr>
<tr><td>施工（设计）质量评估</td><td colspan="5"></td></tr>
<tr><td>工期履约评估</td><td colspan="5"></td></tr>
<tr><td>技术能力评估</td><td colspan="5"></td></tr>
<tr><td>施工管理（专业设计）配合评估</td><td colspan="5"></td></tr>
<tr><td>不良记录</td><td colspan="5"></td></tr>
<tr><td>合同条款完整性评估</td><td colspan="5"></td></tr>
<tr><td>评定级别</td><td colspan="5"></td></tr>
<tr><td>监理单位</td><td></td><td>专业工程师</td><td></td><td>评估日期</td><td></td></tr>
<tr><td>总监工程师意见</td><td colspan="5"></td></tr>
</table>

注：该表为工程（设计）合同履行评估报告的样表，仅供参考。

附录十六 项目管理十大知识领域思维导图

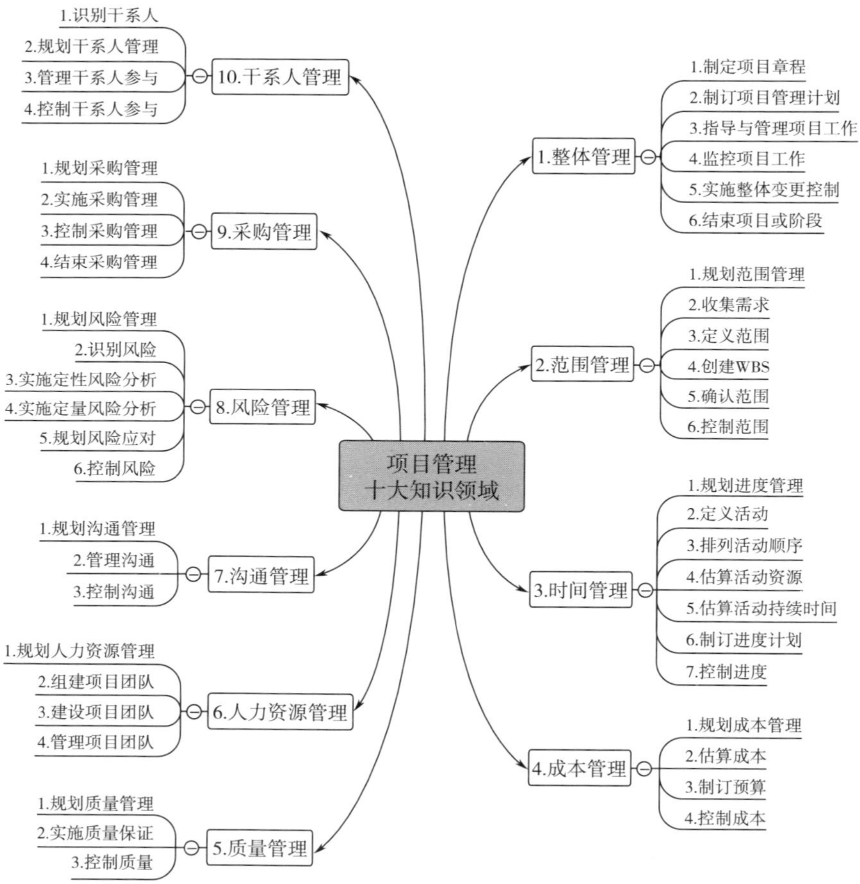

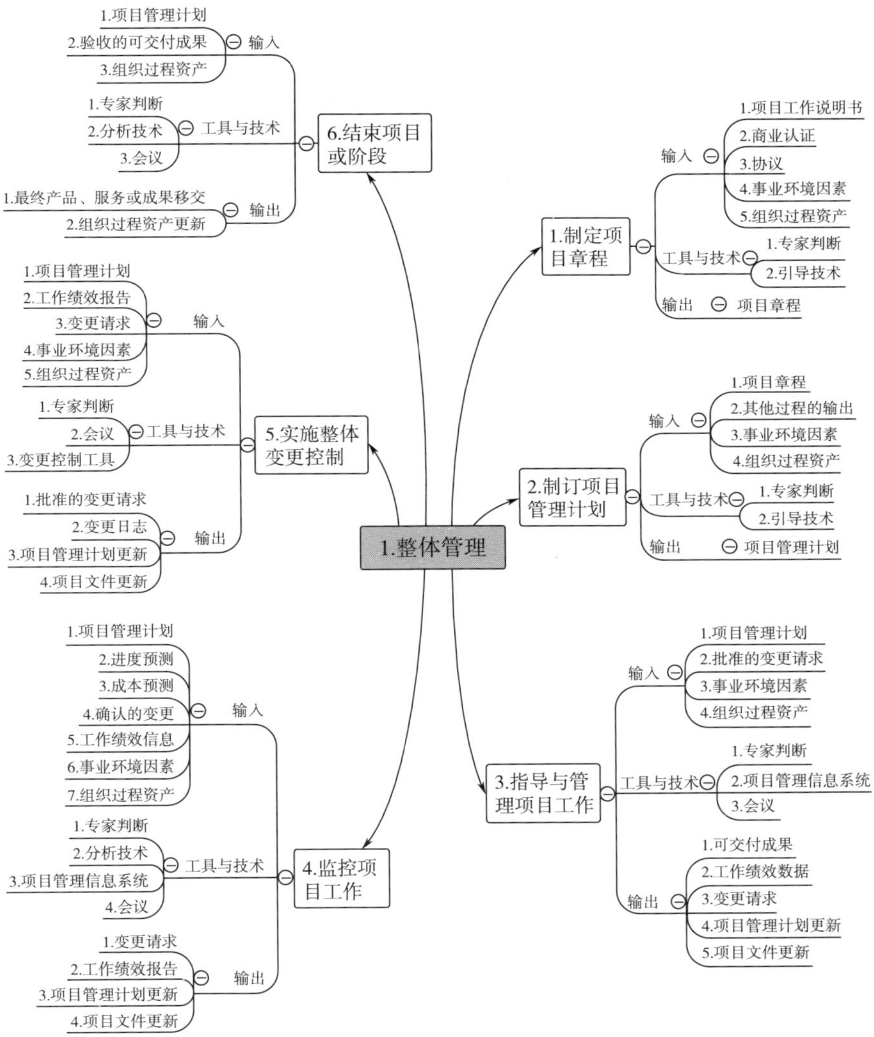
1.整体管理
1.制定项目章程
输入
1.项目工作说明书
2.商业认证
3.协议
4.事业环境因素
5.组织过程资产
工具与技术
1.专家判断
2.引导技术
输出
项目章程
2.制订项目管理计划
输入
1.项目章程
2.其他过程的输出
3.事业环境因素
4.组织过程资产
工具与技术
1.专家判断
2.引导技术
输出
项目管理计划
3.指导与管理项目工作
输入
1.项目管理计划
2.批准的变更请求
3.事业环境因素
4.组织过程资产
工具与技术
1.专家判断
2.项目管理信息系统
3.会议
输出
1.可交付成果
2.工作绩效数据
3.变更请求
4.项目管理计划更新
5.项目文件更新
4.监控项目工作
输入
1.项目管理计划
2.进度预测
3.成本预测
4.确认的变更
5.工作绩效信息
6.事业环境因素
7.组织过程资产
工具与技术
1.专家判断
2.分析技术
3.项目管理信息系统
4.会议
输出
1.变更请求
2.工作绩效报告
3.项目管理计划更新
4.项目文件更新
5.实施整体变更控制
输入
1.项目管理计划
2.工作绩效报告
3.变更请求
4.事业环境因素
5.组织过程资产
工具与技术
1.专家判断
2.会议
3.变更控制工具
输出
1.批准的变更请求
2.变更日志
3.项目管理计划更新
4.项目文件更新
6.结束项目或阶段
输入
1.项目管理计划
2.验收的可交付成果
3.组织过程资产
工具与技术
1.专家判断
2.分析技术
3.会议
输出
1.最终产品、服务或成果移交
2.组织过程资产更新

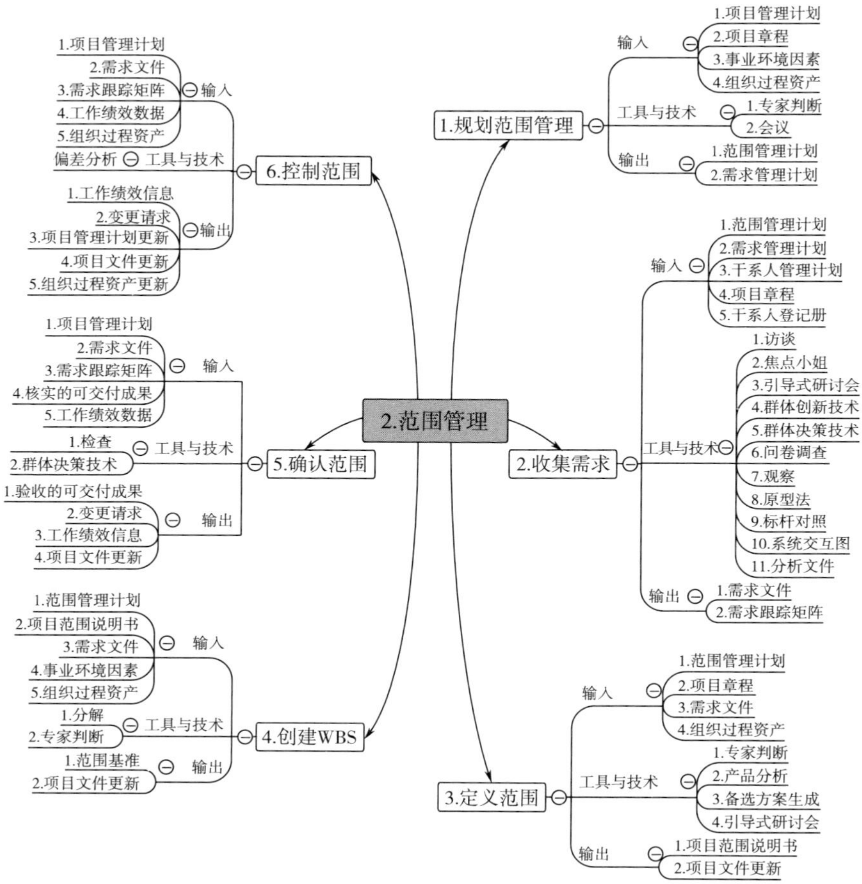
2.范围管理
1.规划范围管理
输入
1.项目管理计划
2.项目章程
3.事业环境因素
4.组织过程资产
工具与技术
1.专家判断
2.会议
输出
1.范围管理计划
2.需求管理计划
2.收集需求
输入
1.范围管理计划
2.需求管理计划
3.干系人管理计划
4.项目章程
5.干系人登记册
工具与技术
1.访谈
2.焦点小组
3.引导式研讨会
4.群体创新技术
5.群体决策技术
6.问卷调查
7.观察
8.原型法
9.标杆对照
10.系统交互图
11.分析文件
输出
1.需求文件
2.需求跟踪矩阵
3.定义范围
输入
1.范围管理计划
2.项目章程
3.需求文件
4.组织过程资产
工具与技术
1.专家判断
2.产品分析
3.备选方案生成
4.引导式研讨会
输出
1.项目范围说明书
2.项目文件更新
4.创建WBS
输入
1.范围管理计划
2.项目范围说明书
3.需求文件
4.事业环境因素
5.组织过程资产
工具与技术
1.分解
2.专家判断
输出
1.范围基准
2.项目文件更新
5.确认范围
输入
1.项目管理计划
2.需求文件
3.需求跟踪矩阵
4.核实的可交付成果
5.工作绩效数据
工具与技术
1.检查
2.群体决策技术
输出
1.验收的可交付成果
2.变更请求
3.工作绩效信息
4.项目文件更新
6.控制范围
输入
1.项目管理计划
2.需求文件
3.需求跟踪矩阵
4.工作绩效数据
5.组织过程资产
工具与技术
偏差分析
输出
1.工作绩效信息
2.变更请求
3.项目管理计划更新
4.项目文件更新
5.组织过程资产更新

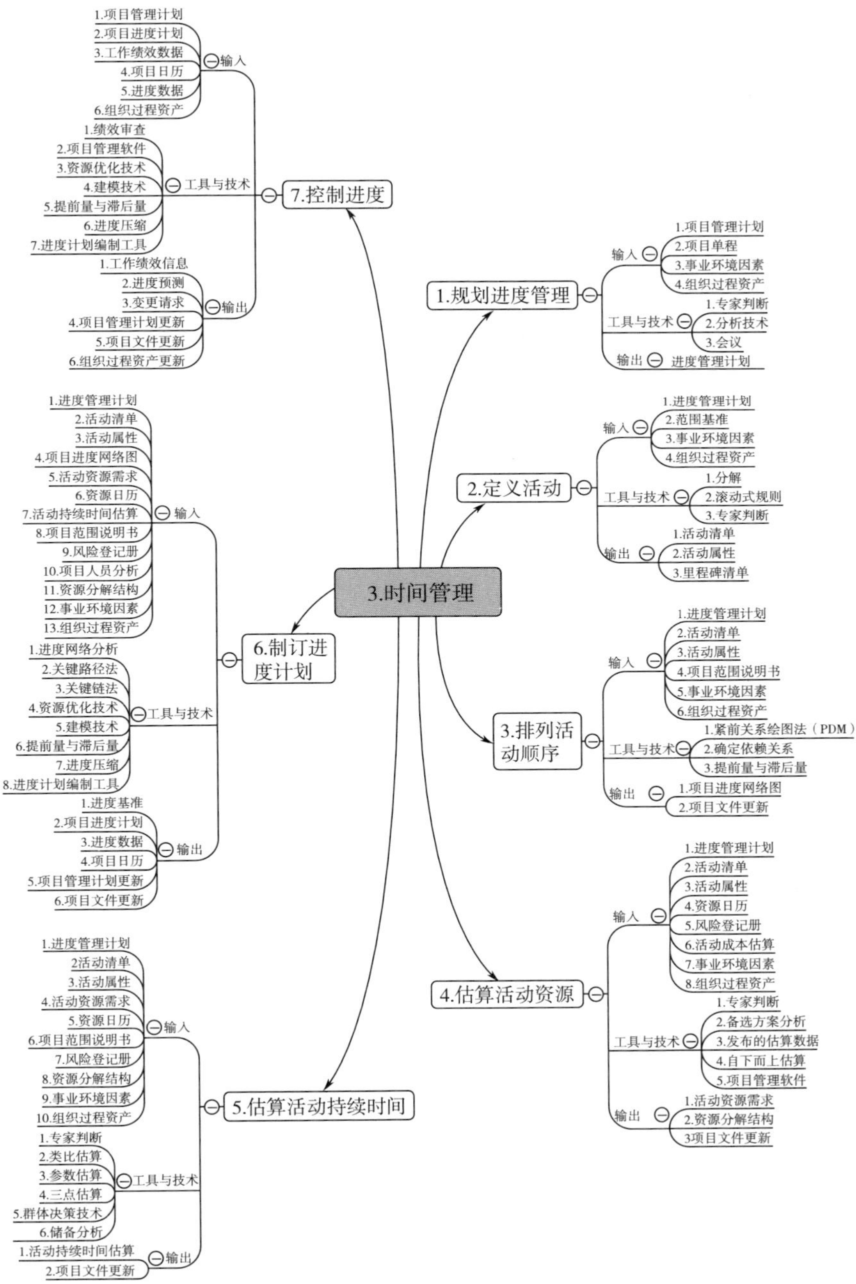
3.时间管理
1.规划进度管理
输入
1.项目管理计划
2.项目单程
3.事业环境因素
4.组织过程资产
工具与技术
1.专家判断
2.分析技术
3.会议
输出
进度管理计划
2.定义活动
输入
1.进度管理计划
2.范围基准
3.事业环境因素
4.组织过程资产
工具与技术
1.分解
2.滚动式规则
3.专家判断
输出
1.活动清单
2.活动属性
3.里程碑清单
3.排列活动顺序
输入
1.进度管理计划
2.活动清单
3.活动属性
4.项目范围说明书
5.事业环境因素
6.组织过程资产
工具与技术
1.紧前关系绘图法（PDM）
2.确定依赖关系
3.提前量与滞后量
输出
1.项目进度网络图
2.项目文件更新
4.估算活动资源
输入
1.进度管理计划
2.活动清单
3.活动属性
4.资源日历
5.风险登记册
6.活动成本估算
7.事业环境因素
8.组织过程资产
工具与技术
1.专家判断
2.备选方案分析
3.发布的估算数据
4.自下而上估算
5.项目管理软件
输出
1.活动资源需求
2.资源分解结构
3项目文件更新
5.估算活动持续时间
输入
1.进度管理计划
2活动清单
3.活动属性
4.活动资源需求
5.资源日历
6.项目范围说明书
7.风险登记册
8.资源分解结构
9.事业环境因素
10.组织过程资产
工具与技术
1.专家判断
2.类比估算
3.参数估算
4.三点估算
5.群体决策技术
6.储备分析
输出
1.活动持续时间估算
2.项目文件更新
6.制订进度计划
输入
1.进度管理计划
2.活动清单
3.活动属性
4.项目进度网络图
5.活动资源需求
6.资源日历
7.活动持续时间估算
8.项目范围说明书
9.风险登记册
10.项目人员分析
11.资源分解结构
12.事业环境因素
13.组织过程资产
工具与技术
1.进度网络分析
2.关键路径法
3.关键链法
4.资源优化技术
5.建模技术
6.提前量与滞后量
7.进度压缩
8.进度计划编制工具
输出
1.进度基准
2.项目进度计划
3.进度数据
4.项目日历
5.项目管理计划更新
6.项目文件更新
7.控制进度
输入
1.项目管理计划
2.项目进度计划
3.工作绩效数据
4.项目日历
5.进度数据
6.组织过程资产
工具与技术
1.绩效审查
2.项目管理软件
3.资源优化技术
4.建模技术
5.提前量与滞后量
6.进度压缩
7.进度计划编制工具
输出
1.工作绩效信息
2.进度预测
3.变更请求
4.项目管理计划更新
5.项目文件更新
6.组织过程资产更新

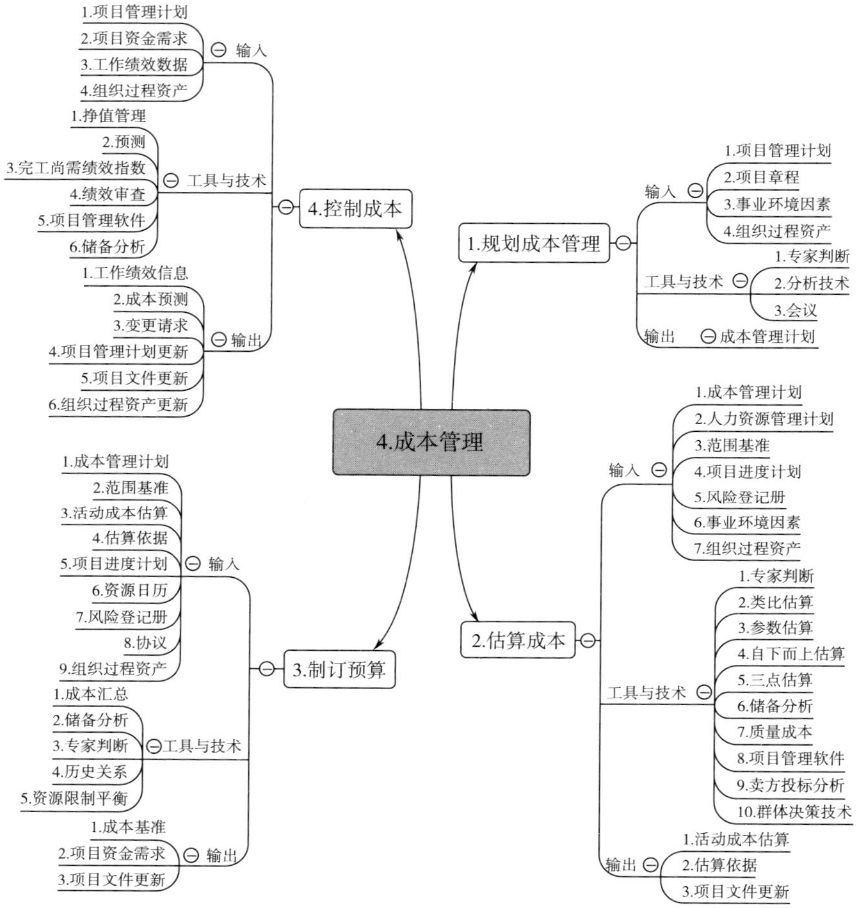
4.成本管理
1.规划成本管理
输入
1.项目管理计划
2.项目章程
3.事业环境因素
4.组织过程资产
工具与技术
1.专家判断
2.分析技术
3.会议
输出
成本管理计划
2.估算成本
输入
1.成本管理计划
2.人力资源管理计划
3.范围基准
4.项目进度计划
5.风险登记册
6.事业环境因素
7.组织过程资产
工具与技术
1.专家判断
2.类比估算
3.参数估算
4.自下而上估算
5.三点估算
6.储备分析
7.质量成本
8.项目管理软件
9.卖方投标分析
10.群体决策技术
输出
1.活动成本估算
2.估算依据
3.项目文件更新
3.制订预算
输入
1.成本管理计划
2.范围基准
3.活动成本估算
4.估算依据
5.项目进度计划
6.资源日历
7.风险登记册
8.协议
9.组织过程资产
工具与技术
1.成本汇总
2.储备分析
3.专家判断
4.历史关系
5.资源限制平衡
输出
1.成本基准
2.项目资金需求
3.项目文件更新
4.控制成本
输入
1.项目管理计划
2.项目资金需求
3.工作绩效数据
4.组织过程资产
工具与技术
1.挣值管理
2.预测
3.完工尚需绩效指数
4.绩效审查
5.项目管理软件
6.储备分析
输出
1.工作绩效信息
2.成本预测
3.变更请求
4.项目管理计划更新
5.项目文件更新
6.组织过程资产更新

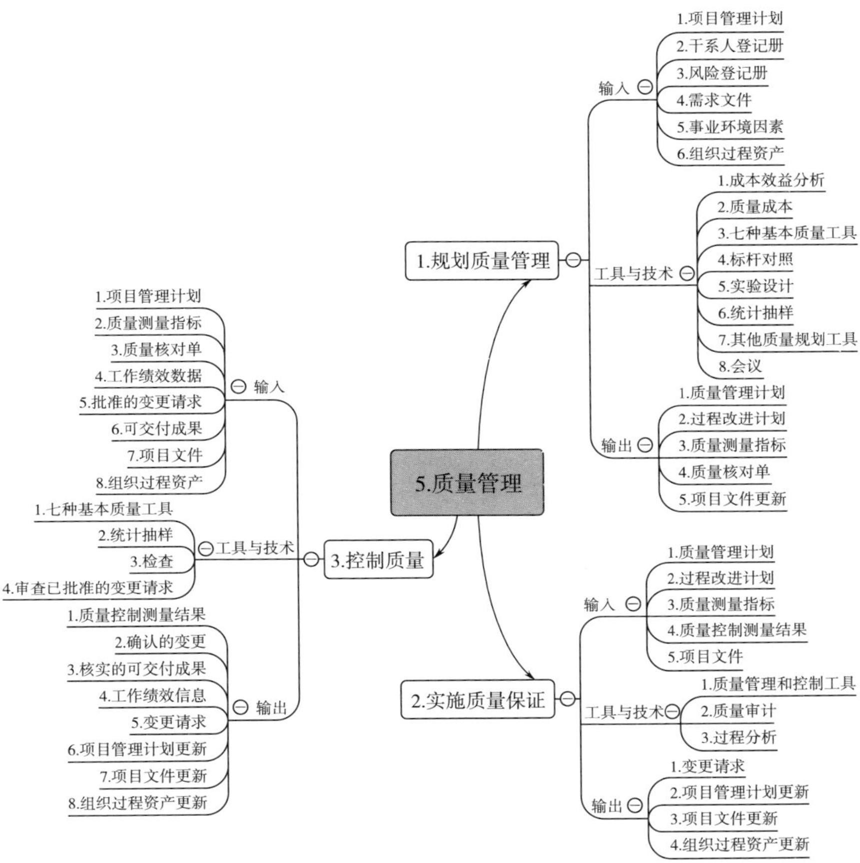
5.质量管理
1.规划质量管理
输入
1.项目管理计划
2.干系人登记册
3.风险登记册
4.需求文件
5.事业环境因素
6.组织过程资产
工具与技术
1.成本效益分析
2.质量成本
3.七种基本质量工具
4.标杆对照
5.实验设计
6.统计抽样
7.其他质量规划工具
8.会议
输出
1.质量管理计划
2.过程改进计划
3.质量测量指标
4.质量核对单
5.项目文件更新
2.实施质量保证
输入
1.质量管理计划
2.过程改进计划
3.质量测量指标
4.质量控制测量结果
5.项目文件
工具与技术
1.质量管理和控制工具
2.质量审计
3.过程分析
输出
1.变更请求
2.项目管理计划更新
3.项目文件更新
4.组织过程资产更新
3.控制质量
输入
1.项目管理计划
2.质量测量指标
3.质量核对单
4.工作绩效数据
5.批准的变更请求
6.可交付成果
7.项目文件
8.组织过程资产
工具与技术
1.七种基本质量工具
2.统计抽样
3.检查
4.审查已批准的变更请求
输出
1.质量控制测量结果
2.确认的变更
3.核实的可交付成果
4.工作绩效信息
5.变更请求
6.项目管理计划更新
7.项目文件更新
8.组织过程资产更新

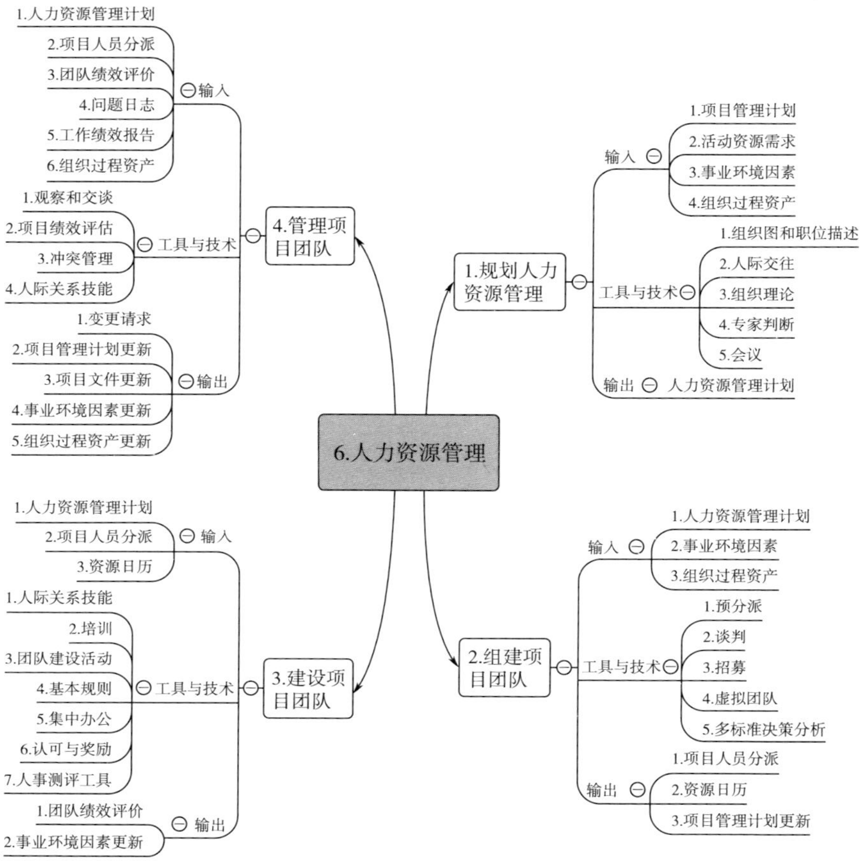
6.人力资源管理
1.规划人力资源管理
输入
1.项目管理计划
2.活动资源需求
3.事业环境因素
4.组织过程资产
工具与技术
1.组织图和职位描述
2.人际交往
3.组织理论
4.专家判断
5.会议
输出
人力资源管理计划
2.组建项目团队
输入
1.人力资源管理计划
2.事业环境因素
3.组织过程资产
工具与技术
1.预分派
2.谈判
3.招募
4.虚拟团队
5.多标准决策分析
输出
1.项目人员分派
2.资源日历
3.项目管理计划更新
3.建设项目团队
输入
1.人力资源管理计划
2.项目人员分派
3.资源日历
工具与技术
1.人际关系技能
2.培训
3.团队建设活动
4.基本规则
5.集中办公
6.认可与奖励
7.人事测评工具
输出
1.团队绩效评价
2.事业环境因素更新
4.管理项目团队
输入
1.人力资源管理计划
2.项目人员分派
3.团队绩效评价
4.问题日志
5.工作绩效报告
6.组织过程资产
工具与技术
1.观察和交谈
2.项目绩效评估
3.冲突管理
4.人际关系技能
输出
1.变更请求
2.项目管理计划更新
3.项目文件更新
4.事业环境因素更新
5.组织过程资产更新

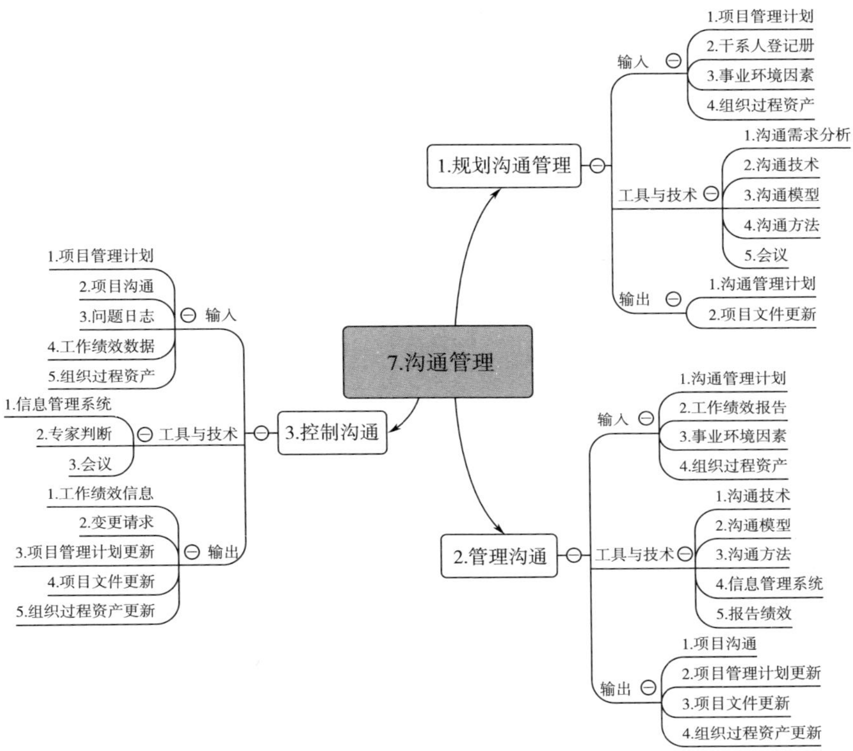
7.沟通管理
1.规划沟通管理
输入
1.项目管理计划
2.干系人登记册
3.事业环境因素
4.组织过程资产
工具与技术
1.沟通需求分析
2.沟通技术
3.沟通模型
4.沟通方法
5.会议
输出
1.沟通管理计划
2.项目文件更新
2.管理沟通
输入
1.沟通管理计划
2.工作绩效报告
3.事业环境因素
4.组织过程资产
工具与技术
1.沟通技术
2.沟通模型
3.沟通方法
4.信息管理系统
5.报告绩效
输出
1.项目沟通
2.项目管理计划更新
3.项目文件更新
4.组织过程资产更新
3.控制沟通
输入
1.项目管理计划
2.项目沟通
3.问题日志
4.工作绩效数据
5.组织过程资产
工具与技术
1.信息管理系统
2.专家判断
3.会议
输出
1.工作绩效信息
2.变更请求
3.项目管理计划更新
4.项目文件更新
5.组织过程资产更新

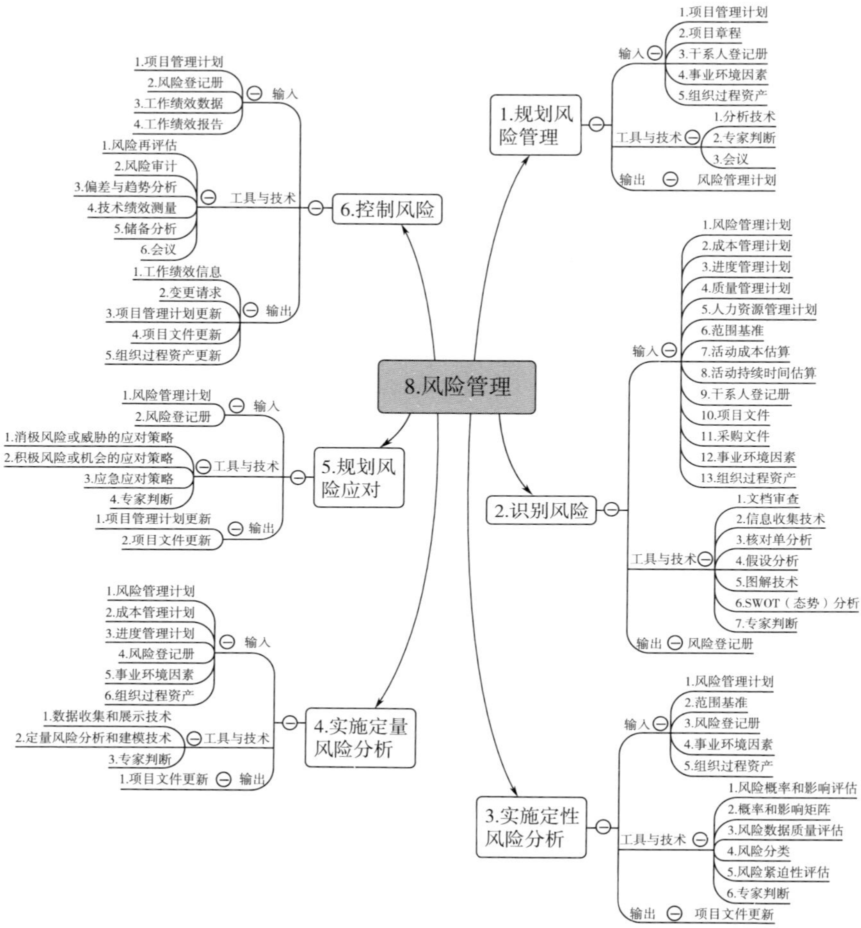
8.风险管理
1.规划风险管理
输入
1.项目管理计划
2.项目章程
3.干系人登记册
4.事业环境因素
5.组织过程资产
工具与技术
1.分析技术
2.专家判断
3.会议
输出
风险管理计划
2.识别风险
输入
1.风险管理计划
2.成本管理计划
3.进度管理计划
4.质量管理计划
5.人力资源管理计划
6.范围基准
7.活动成本估算
8.活动持续时间估算
9.干系人登记册
10.项目文件
11.采购文件
12.事业环境因素
13.组织过程资产
工具与技术
1.文档审查
2.信息收集技术
3.核对单分析
4.假设分析
5.图解技术
6.SWOT（态势）分析
7.专家判断
输出
风险登记册
3.实施定性风险分析
输入
1.风险管理计划
2.范围基准
3.风险登记册
4.事业环境因素
5.组织过程资产
工具与技术
1.风险概率和影响评估
2.概率和影响矩阵
3.风险数据质量评估
4.风险分类
5.风险紧迫性评估
6.专家判断
输出
项目文件更新
4.实施定量风险分析
输入
1.风险管理计划
2.成本管理计划
3.进度管理计划
4.风险登记册
5.事业环境因素
6.组织过程资产
工具与技术
1.数据收集和展示技术
2.定量风险分析和建模技术
3.专家判断
输出
1.项目文件更新
5.规划风险应对
输入
1.风险管理计划
2.风险登记册
工具与技术
1.消极风险或威胁的应对策略
2.积极风险或机会的应对策略
3.应急应对策略
4.专家判断
输出
1.项目管理计划更新
2.项目文件更新
6.控制风险
输入
1.项目管理计划
2.风险登记册
3.工作绩效数据
4.工作绩效报告
工具与技术
1.风险再评估
2.风险审计
3.偏差与趋势分析
4.技术绩效测量
5.储备分析
6.会议
输出
1.工作绩效信息
2.变更请求
3.项目管理计划更新
4.项目文件更新
5.组织过程资产更新

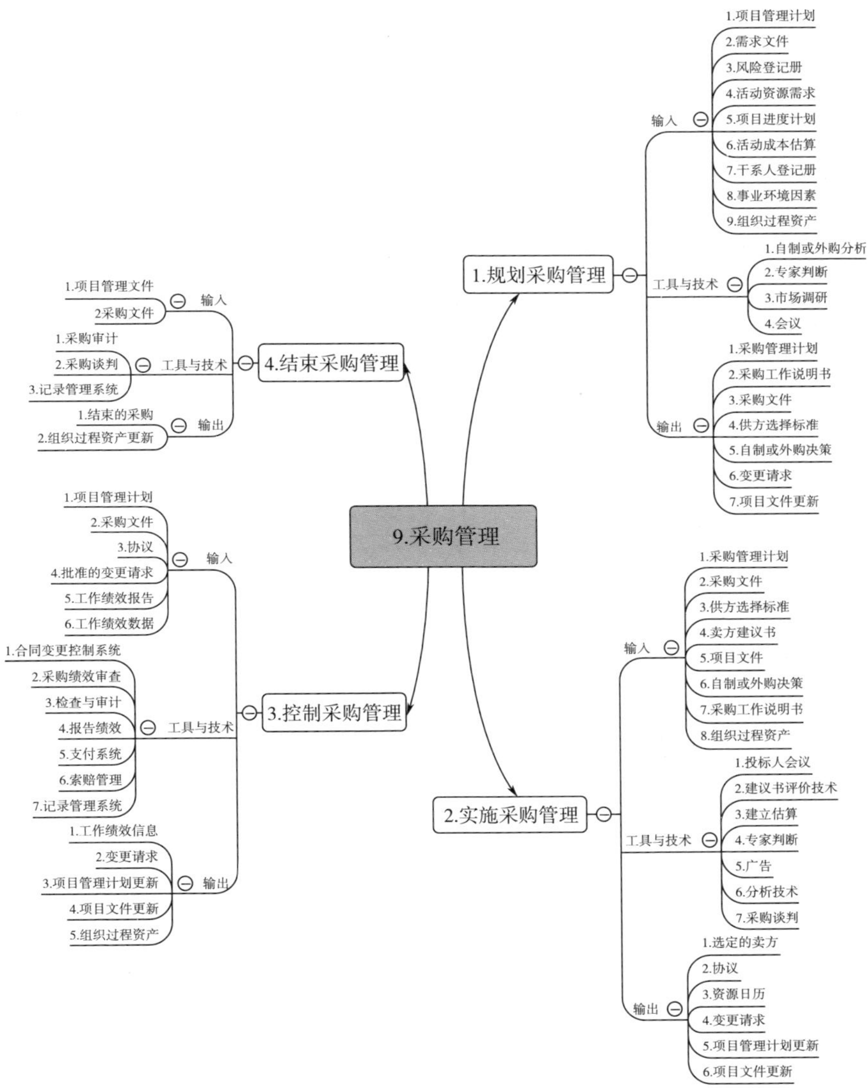
9.采购管理
1.规划采购管理
输入
1.项目管理计划
2.需求文件
3.风险登记册
4.活动资源需求
5.项目进度计划
6.活动成本估算
7.干系人登记册
8.事业环境因素
9.组织过程资产
工具与技术
1.自制或外购分析
2.专家判断
3.市场调研
4.会议
输出
1.采购管理计划
2.采购工作说明书
3.采购文件
4.供方选择标准
5.自制或外购决策
6.变更请求
7.项目文件更新
2.实施采购管理
输入
1.采购管理计划
2.采购文件
3.供方选择标准
4.卖方建议书
5.项目文件
6.自制或外购决策
7.采购工作说明书
8.组织过程资产
工具与技术
1.投标人会议
2.建议书评价技术
3.建立估算
4.专家判断
5.广告
6.分析技术
7.采购谈判
输出
1.选定的卖方
2.协议
3.资源日历
4.变更请求
5.项目管理计划更新
6.项目文件更新
3.控制采购管理
输入
1.项目管理计划
2.采购文件
3.协议
4.批准的变更请求
5.工作绩效报告
6.工作绩效数据
工具与技术
1.合同变更控制系统
2.采购绩效审查
3.检查与审计
4.报告绩效
5.支付系统
6.索赔管理
7.记录管理系统
输出
1.工作绩效信息
2.变更请求
3.项目管理计划更新
4.项目文件更新
5.组织过程资产
4.结束采购管理
输入
1.项目管理文件
2采购文件
工具与技术
1.采购审计
2.采购谈判
3.记录管理系统
输出
1.结束的采购
2.组织过程资产更新

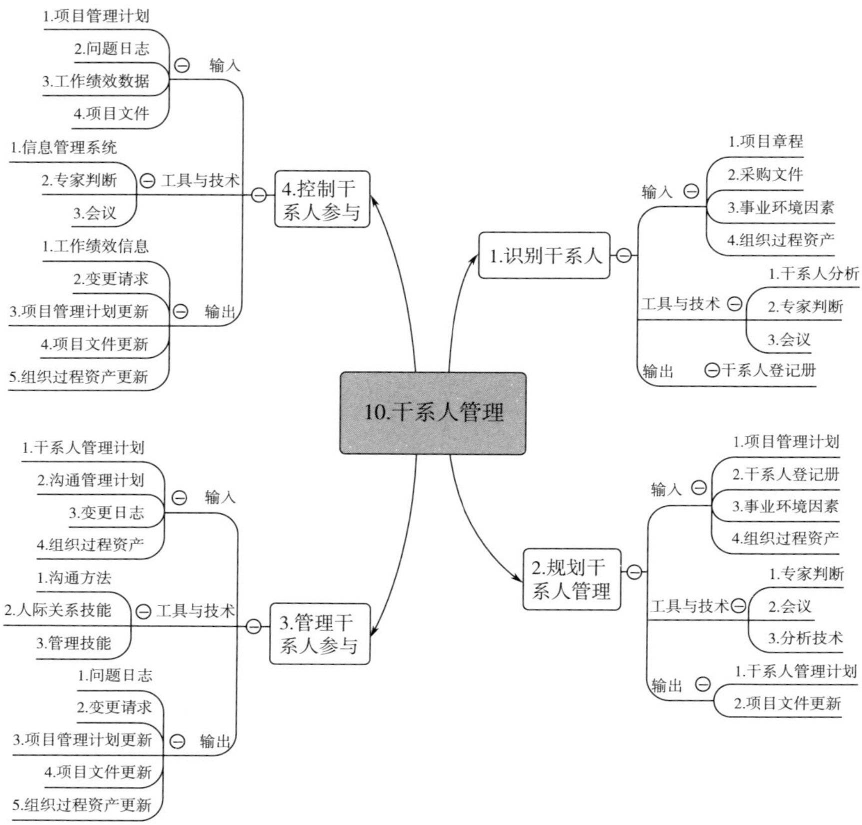
10.干系人管理
1.识别干系人
输入
1.项目章程
2.采购文件
3.事业环境因素
4.组织过程资产
工具与技术
1.干系人分析
2.专家判断
3.会议
输出
干系人登记册
2.规划干系人管理
输入
1.项目管理计划
2.干系人登记册
3.事业环境因素
4.组织过程资产
工具与技术
1.专家判断
2.会议
3.分析技术
输出
1.干系人管理计划
2.项目文件更新
3.管理干系人参与
输入
1.干系人管理计划
2.沟通管理计划
3.变更日志
4.组织过程资产
工具与技术
1.沟通方法
2.人际关系技能
3.管理技能
输出
1.问题日志
2.变更请求
3.项目管理计划更新
4.项目文件更新
5.组织过程资产更新
4.控制干系人参与
输入
1.项目管理计划
2.问题日志
3.工作绩效数据
4.项目文件
工具与技术
1.信息管理系统
2.专家判断
3.会议
输出
1.工作绩效信息
2.变更请求
3.项目管理计划更新
4.项目文件更新
5.组织过程资产更新

参考文献

[1] 科丽·科歌昂，舒泽特·布莱克莫尔，詹姆士·伍德. 项目管理精华 [M]. 北京：中国青年出版社，2016.

[2] 程淑丽. 项目管理工作细化执行与模板 [M]. 北京：人民邮电出版社，2011.

[3] 儒商文化公司. 项目管理现用现查 [M]. 北京：中国建材工业出版社，2004.

[4] 邱绍良. 复盘+：把经验转化为能力 [M]. 北京：机械工业出版社，2017.